Traumstrassen
GROSSBRITANNIEN

Die Inseln im Nordwesten Europas sind ein überaus vielfältiges Reisegebiet. Sie begeistern alle,
die weniger der Sonnenhunger treibt, als vielmehr die Lust auf Begegnungen – mit ihrer Natur, die sich
ebenso lieblich wie schroff präsentieren kann, mit den zahlreichen Zeugnissen ihrer wechselvollen
Geschichte und mit ihren Menschen, deren ausgeprägter Individualismus sie so sympathisch macht.

Land's End – der westlichste Punkt Englands.

In den schottischen Highlands: Inveraray Castle. ▷

TRAUMSTRASSEN
GROSSBRITANNIEN
ENGLAND · SCHOTTLAND · IRLAND

FOTOS INGOLF POMPE

TEXT REINHARD ULBRICH
BETTINA WINTERFELD

Südwest

Reisen auf grünen Inseln

ROUTE *1*

ROUTE *2*

ROUTE *3*

ROUTE *4*

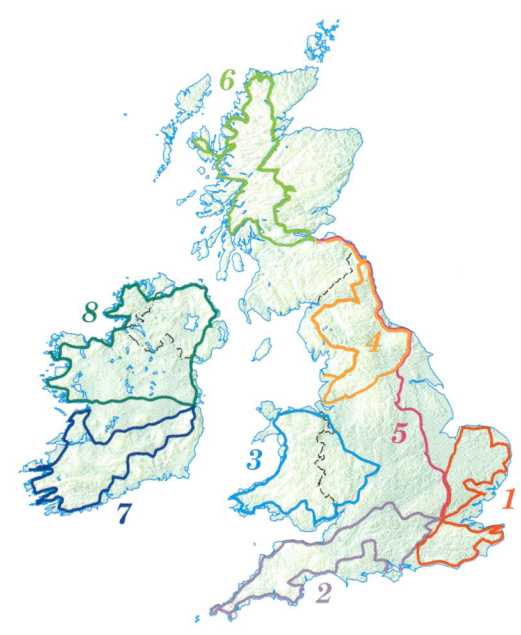

Nostalgiefahrt auf dem Llangollen-Kanal
– Ein walisischer Wasserweg *Seite 74*

 **Rundtour durch Schottland.** *In Schottlands Süden locken die beiden Metropolen Edinburgh und Glasgow, im Norden lädt das Land der Seen, Berge und Täler dazu ein, sich in intakten Naturlandschaften zu erholen und die Einsamkeit zu genießen.*

 **Von Dublin in Irlands Westen und Norden.** *In der Grafschaft Mayo, in Sligo und in Donegal sei, so heißt es, das Land »irischer« als anderswo. Darüber mag streiten, wer will. Allemal unbestritten ist, daß auch der nicht zur Republik Irland gehörige Teil im Norden der Insel mit großen Naturschönheiten aufwarten kann.*

 **Von Dublin ins südliche Irland.** *Die »Grüne Insel« lebt von wechselnden Stimmungen – nirgendwo offenbart sich dies mehr als im Südwesten, wo hinter jeder Wegbiegung etwas Neues zu warten scheint. Ein echtes Ausnahmeerlebnis ist auch die Fahrt auf Irlands berühmtester Straße, dem Ring of Kerry.*

 **Von Birmingham durch Wales.** *Im kleinsten Land des Vereinigten Königreichs unterwegs zu sein, heißt, ein harmonisches Miteinander von Gestern und Heute zu erleben - sei es in der Hauptstadt Cardiff, an den weiten Stränden der Halbinsel Gower oder im romantischen Aberystwyth.*

0   200km

Die Routen

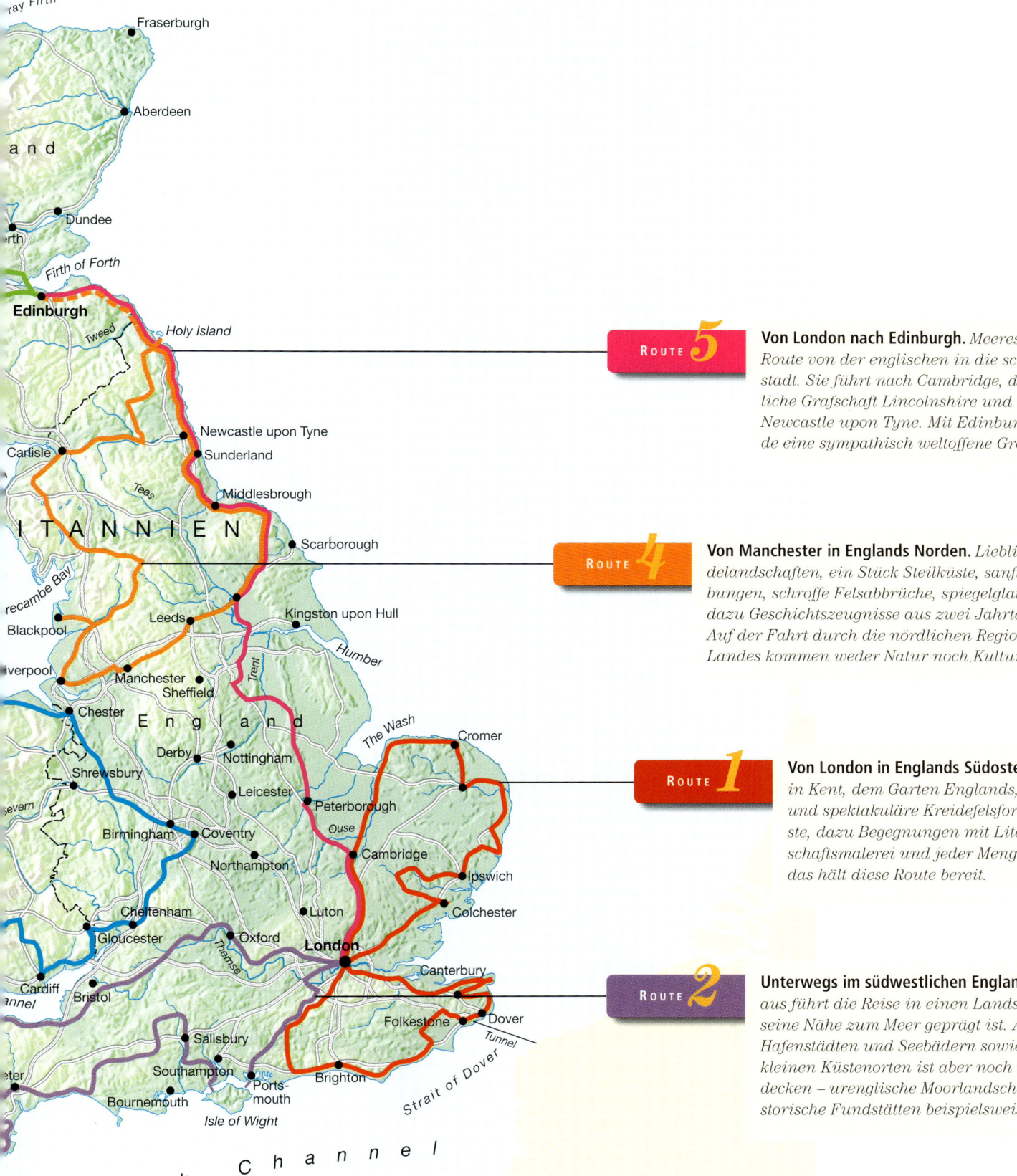

ROUTE 5

Von London nach Edinburgh. *Meeresnah verläuft die Route von der englischen in die schottische Hauptstadt. Sie führt nach Cambridge, durch die beschauliche Grafschaft Lincolnshire und ins kunstsinnige Newcastle upon Tyne. Mit Edinburgh wartet am Ende eine sympathisch weltoffene Großstadt.*

ROUTE 4

Von Manchester in Englands Norden. *Liebliche Weidelandschaften, ein Stück Steilküste, sanfte Erhebungen, schroffe Felsabbrüche, spiegelglatte Seen, dazu Geschichtszeugnisse aus zwei Jahrtausenden: Auf der Fahrt durch die nördlichen Regionen des Landes kommen weder Natur noch Kultur zu kurz.*

ROUTE 1

Von London in Englands Südosten. *Ländliche Idyllen in Kent, dem Garten Englands, charmante Badeorte und spektakuläre Kreidefelsformationen an der Küste, dazu Begegnungen mit Literatur, Musik, Landschaftsmalerei und jeder Menge Historischem. All das hält diese Route bereit.*

ROUTE 2

Unterwegs im südwestlichen England. *Von London aus führt die Reise in einen Landstrich, der durch seine Nähe zum Meer geprägt ist. Außer lebhaften Hafenstädten und Seebädern sowie eher ruhigen kleinen Küstenorten ist aber noch mehr zu entdecken – urenglische Moorlandschaften und prähistorische Fundstätten beispielsweise.*

»The Stag's Head« ist einer der ältesten und gemütlichsten Pubs in Dublin – es gibt ihn bereits seit 1770.

Reisen auf grünen Inseln

Wenn es Herbst wird in England, lädt der Landadel zur Fuchsjagd. Häufig werden keine lebenden Tiere mehr gejagt, vielmehr legt man eine künstliche Spur, der die Hundemeute und das Jagdfeld folgen.

Auf Hochglanz poliert und technisch in einwandfreiem Zustand: Oldtimer vor dem Rallye-Start im südenglischen Penshurst Place, Kent.

Sattes, saftiges Grün. In sanften Wellen fließt es durch die Grafschaften, endlos und verlockend. Ob im milden Südengland, im burgengekrönten Schottland oder in der windgekämmten Wildnis der irischen Hochebenen – überall zeigt sich dieselbe erholsame Grundierung. Von Hecken gesäumt schlängeln sich die Straßen durch flächendeckendes Grün, soweit das Auge schauen kann, ab und zu unterbrochen von gelbem Ginster oder blökendem Wollweiß. Die samtige Farbe, welche die Szenerie beherrscht, unterscheidet sich von Süden nach Norden allenfalls in Nuancen: Englandgrün, Schottlandgrün, Irlandgrün. Allein für Irland haben Enthusiasten mehr als vierzig

verschiedene Schattierungen aufgelistet, eine raffinierte Farbskala von Laubfrosch über Tanne bis hin zu pelzigem Moos. Und manchmal ist das Grün auch ein bißchen regennaß…

Wechselnde Wetterlagen. Nun gut, es regnet hier oben in »Green Britain« nicht nur im Herbst und im Winter, es tröpfelt auch im Frühjahr und im Sommer. Schuld daran sind die berüchtigten Atlantiktiefs, jene allseits bekannten Erscheinungen links oben auf der europäischen Wetterkarte. Andererseits, wer möchte sich schon wirklich ausmalen, wie die Inseln im Nordwesten Europas ohne die Wolkenfronten aussähen, zumal dabei doch

Hammerwerfen ist noch eine der »harmloseren« Disziplinen, in denen gut gebaute Schotten bei den Highland Games ihre Kräfte messen.

nur eines herauskommen könnte: Sie wären grau, nicht grün. Ohne ausgiebige Befeuchtung blieben Irlands Hügel karg, Englands Eichen mickrig, Schottlands Hochmoore blaß. Die Blumen in den englischen Gärten würden nicht so üppig wuchern, und der Rasen wäre auch nicht so makellos gesund und prall. Ein Trost ist auch, daß die Güsse selten länger anhalten. Und wenn die Sonne erst wieder durch die Wolken bricht, beispielsweise über dem nordenglischen Lake District oder den Bergen im irischen Connemara, dann strahlen hier die Farben intensiver als irgendwo sonst. Meistens sorgen die Wechselbäder auch für phantastische Wolkenspiele und Regenbögen, für dramatische Sonnenuntergänge und eine Luft, so klar und reingewaschen, wie man sie im diesigen Süden Europas vergeblich sucht.

Nachmittagszeremonien.
Außerdem ist jede Art von Regen eine wunderbare Gelegenheit, sich in der nächsten behaglichen Teestube niederzulassen. Unter knarzenden Fachwerkbalken und auf geblümten Sitzkissen kann man dort ein Teeritual zelebrieren, das immer wieder sehr eindrücklich zur Rehabilitierung der vielgeschmähten britischen Küche beiträgt: Beim »cream tea« steht nicht so sehr der starke und meist mit Milch und Zucker versetzte Tee im Vordergrund, der Höhepunkt sind vielmehr die dazu servierten »scones«, ofenfrische Hefeteigbrötchen mit Marmelade und Schlagsahne – eine köstliche Kalorienbombe! Besonders nahrhaft ist diese Form des Nachmittagstees übrigens in Devon und Cornwall, den westlichsten Regionen Südenglands. Wer sich je in Exeter oder St. Ives an Scones gütlich getan hat, weiß, wovon die Rede ist…

Königin Elisabeth I. (1533 bis 1606; oben). – »Book of Kells« aus dem 8. Jahrhundert (Mitte). Volksheld Robin Hood (unten).

Heinrich VIII. und seine sechs Frauen auf einer um 1860 entstandenen Lithographie.

Die Institution des Fünf-Uhr-Tees ist stilprägend für den britischen »way of life«. Zur Zeit von Königin Victoria ließen die Damen der Gesellschaft alles stehen und liegen, um sich ihrem Nationalgetränk, komplettiert durch Sandwiches, Gebäck und gepflegten Klatsch, zuzuwenden. In den viktorianischen Salons wurden beim Tee so manche Ränke geschmiedet, und befreundete Mütter leiteten dabei sogar die eine oder andere Ehe in die Wege. Niemand hat amüsanter darüber geschrieben als Jane Austen (1775–1817).

1620 fuhr die »Mayflower« nach Amerika (links oben). Auf einem Auswandererschiff (Holzstich um 1878; links).

Gemütliche Fluchtburgen. Auch an anderen, den Teestuben an Heimeligkeit nicht nachstehenden Orten, versammeln sich die Menschen auf den Britischen Inseln gern – in den Pubs, den Public Houses. Dort trifft man sich zum Reden und Trinken. Ein Gespräch über das Wetter und andere wichtige Dinge, ein traditionell gebrautes Real Ale, ein halbdunkles Bitter, ein samtweich gezapftes irisches Guinness oder ein malziges Stout, und schon ist man wieder eins mit sich und der Welt.

Ein Pub ist eine einzigartige Institution, die irgendwo im magischen Viereck zwischen Wohnzimmer, Kneipe, Bar und Gaststätte angesiedelt ist. Hier wird nicht nur Alkohol ausgeschenkt und solide Hausmannskost gereicht, hier wird auch gesungen oder geschwiegen, wenn es denn sein muß. Besonders behaglich sind diese Horte der Geselligkeit, wenn es draußen stürmt und pfeift. Auf dem Land verstecken sich viele von ihnen in kleinen, reetgedeckten Cottages oder windschiefen Fachwerkhäusern. Drinnen glimmt oft ein Kaminfeuer, nicht immer echt, aber selbst als Attrappe einladend und herzerwärmend. Als freundliche Geste darf auch die Abschaffung der relativ

frühen Sperrstunde gewertet werden, die noch vor kurzem den Ausschank bis zur berühmten »last order«, der letzten Bestellung, um 23.00 Uhr beschränkte.

In Dublin, der Stadt der Dichter und Trinker, sind Public Houses von jeher auch Orte der künstlerischen Inspiration gewesen. Je höher der Norden, desto größer die Wahrscheinlichkeit, daß zu vorgerückter Stunde einer der Gäste eine Ballade anstimmt.

Delikate Destillate. Ein in diesem Zusammenhang äußerst wichtiges Thema, das mit Irland wie auch mit Schottland aufs Engste verbunden ist, hat – wie das Wetter – eine Menge mit Wasser zu tun: Gemälzte Gerste mit quellreinem Wasser

Admiral Lord Nelson (1758 bis 1805; oben). – Ritterspiele auf Conwy Castle (Mitte). – Der berühmte Weltumsegler James Cook (1728–1779; unten).

Seit Jahrhunderten Krönungskirche der englischen Herrscher: Westminster Abbey.

1951: Winston Churchill wird ein weiteres Mal Regierungschef (oben). – Die königliche Familie beim Kirchgang in Sandringham 1969 (unten). »Military Tattoo«: großer Zapfenstreich im Hof von Edinburgh Castle (rechts).

vermischt, dreimal gebrannt und etliche Jahre gelagert, rinnt als Irish Whiskey mild und sanft die Kehle hinunter. Die schottische Variante – Whisky ohne »e« –, zweimal destilliert, dafür aber leicht »geräuchert«, schmeckt kräftiger.

Die Bewohner der schottischen Brennereidörfer am Fluß Spey, seit Jahrhunderten geübt in der Kunst der Whiskyherstellung, feiern ihr hochprozentiges Produkt sogar jedes Jahr mit einem Festival. Für einen Irish Coffee mit Sahne und Zucker, sozusagen die Variante für die Lady, taugt schottischer Whisky übrigens ebenso gut wie irischer Whiskey – ganz gleich, wo man sich nun gerade aufhält.

Eine Frage der Einstellung. »Es gibt kein schlechtes Wetter, nur falsche Kleidung« – wahrscheinlich ist dieser Satz nirgends so gültig wie auf den Britischen Inseln. Auch scheint nirgends das Angebot an Regenschirmen, Nyloncapes und Gummistiefeln größer zu sein als hier. Wer sich wirklich reif fühlt für eine Reise in diesen Teil Europas, sollte beim Kofferpacken mit nüchternem Kalkül vorgehen: Schuhe mit dicken Sohlen und wind- und wasserundurchlässige Jacken und Hosen statt luftiger Kleider und Après Sun-Lotion. Übrigens: Das vielgeschmähte atlantische Klima bringt eine wunderbare Haut hervor. Man braucht sich nur einmal die Engländerinnen anzusehen. Ihr Teint ist glatt und zart wie eine Rosenblüte – so rein, so robust und so gut durchblutet, daß man fast neidisch werden könnte auf diese feuchtigkeitsspendende Umgebung. Viele Frauen verfügen selbst in hohem Alter noch über eine Haut, die manche sonnen- und solariumgewöhnte Mitteleuropäerin ziemlich alt aussehen läßt…

Links- und Kreisverkehr… Weil die Inseln im Atlanik weitgehend auf vier Rädern erobert werden sollen, dürfen auch ein paar handfeste Tips zum Stichwort Verkehr nicht fehlen. Eine Warnung vorab: Man sollte sich darauf gefaßt machen, daß sich vor allem in England die Gepflogenheiten stark von denen auf dem Kontinent unterscheiden. Die Umstellung fängt damit an, daß im Auto das Steuer auf der »falschen« Seite angebracht ist. Linksverkehr nennen die Engländer ihre unpraktische Trotzreaktion, mit der sie sich störrisch von den Verkehrsregeln des Rests der Welt abgrenzen – ausgenommen sind natürlich jene Regionen auf der Landkarte, die einst dem britischen Empire unterstanden. Und auch in Irland und Schott-

Skandale im Königshaus

*E*r brachte die Windsors an den Rand einer Katastrophe. Königshaus und Kirche standen Kopf, als Edward VIII. sich 1936 in die zweifach geschiedene Amerikanerin Wallis Simpson verliebte. Nach

Prince Charles, der Thronfolger im Dauerwartestand, malt, spielt Polo, geht auf die Jagd, eröffnet Ausstellungen, schüttelt Hände, engagiert sich für den Umweltschutz und wird darüber älter und älter.

Sarah Ferguson 1996 (oben), Prinz Charles und Prinzessin Diana 1992 (links). – König Edward VII. (1841–1910; Mitte). – Edward VIII. und Wallis Simpson nach der Abdankung (unten).

kaum einjähriger Regentschaft als König dankte er ab und überließ den Thron seinem jüngeren Bruder. Edward und Wallis Simpson wurden ein Jahrhundertliebespaar, das in den Vereinigten Staaten und Frankreich ein mondänes Leben führte. Ach, was waren das doch für Zeiten! Einen ähnlich schönen Skandal gab es in der Geschichte des englischen Königshauses kein zweites Mal. Dabei ist dieses an aufsehenerregenden Ereignissen keineswegs arm. Man erinnere sich nur an Heinrich VIII., der, wann immer er es für geboten hielt, sich seiner Ehefrauen entledigte.

Wie steht es eigentlich heute mit den Windsors? Gescheiterte Ehen, glanzlose Affären, unappetitliche Details. Und an den Tag gelegt wird eine perfekt kultivierte Gleichgültigkeit. Die Queen läßt allenfalls von Zeit zu Zeit verlauten, sie sei über irgend etwas »not amused«. Die Chefin im Buckingham-Palast ist als einzige tadellos verheiratet, geht ihren Amtsgeschäften mit Ernst und Disziplin nach und macht in der Öffentlichkeit vor allem durch ihre eigenwillig bunte Kleidung von sich reden.

Diana war die einzige in der Familie, die wirklich Glanz zu verbreiten wußte. Ihre Ausstrahlung glich aus, was den eher blassen Royals einfach nicht gegeben zu sein scheint. Das Volk liebte sie, die Boulevardpresse ging mit ihr um wie mit einem Hollywoodstar. Kein Wunder, denn ihr scheues Lächeln leuchtete vor dem Hintergrund, den die unterkühlte königliche Familie bot, in die sie eingeheiratet hatte, ganz besonders hell und sympathisch.

Von der Postkutsche (oben;
Gemälde von C. A. Fesch) zu
Auto und Eisenbahn: auf einer
Paßstraße an der Bantry Bay in
Irland (unten; Foto um 1930).

Fortkommen zu Wasser und zu
Lande: Segelschiffe am Victoria Dock im Hafen von Aberdeen (großes Bild; Foto von
1880/1890). – Am 15. September 1830 wurde die Bahnstrek-
ke Manchester–Liverpool in
Betrieb genommen. Die Waggons zog eine Dampflok von
George Stephenson (unten;
zeitgenössische Radierung).

land fährt man auf der linken Spur. Unterwegs folgen alsbald andere Eigentümlichkeiten. Kaum hat man sich halbwegs daran gewöhnt, links zu schalten und rechts zu walten, stellt sich einem auch schon das nächste Verkehrshindernis in den Weg: das »roundabout«. Roundabout? Schon wenn man dieses Wort in den Mund nimmt, fängt es an, zu rotieren. Es sind die Verkehrskreisel, die hier so heißen, und an diese kann man sich nicht früh genug gewöhnen. Sie ersparen zwar langes Warten an der Ampel, haben dafür aber andere Tücken: Kaum ist es einem gelungen, sich in den Kreisel einzufädeln, muß man auch schon wieder höllisch aufpassen, daß man die richtige Ausfahrt erwischt. Dies wiederum setzt detektivische Fähigkeiten und eine detaillierte Ortskenntnis voraus, denn nur völlig ahnungslose Optimisten gehen davon aus,

daß auf den Schildern, die den Weg hinaus weisen, das gleiche steht wie zuvor. Weit gefehlt! Beim nächsten Schild ist alles anders, sprich: Angezeigt wird möglicherweise eine Ortschaft, die auf dem Weg zum angepeilten Ziel liegt – oder auch dahinter. Deshalb sollte man sich frühzeitig einprägen, welche Orte alle auf der Strecke liegen. Es könnte sonst passieren, daß man so lange im Roundabout kreist, bis es einen schwindelt. Doch keine Panik, zum Glück sind die Insulaner auch am Steuer Gentlemen.

... sowie anderen Besonderheiten.
Ähnlich der Kreisel verachten auch die Landstraßen jede Form von Vorhersehbarkeit. Schmal und kurvenreich, die gerade Linie ignorierend, winden sie sich durch die Countryside. In ländlichen Regionen säumen Steinwälle und meterhohe

Transport der Reisenden zum halben Preis.

Der Eurotunnel, die Verbindungsröhre zwischen England und dem Kontinent (oben).

me um die großen Städte sind die Landschaften im wesentlichen unversehrt geblieben, das kahle schottische Hochland ebenso wie die Gebirgstäler von Wales, die Moore und Heiden von Yorkshire, die Sümpfe von Cambridgeshire oder die grünen Täler der irischen Grafschaft Wicklow. Auf den entlegenen Routen durch den Norden Schottlands oder durch Irland begegnet man mit Sicherheit mehr Schafen und Steinkreisen als Touristenbussen. Auch dies trägt dazu bei, daß bei vielen Urlaubern vom Kontinent die Erholung bereits beginnt, kaum haben sie britischen Boden berührt – aus lauter Vorfreude auf saftiges, frisches Grün, auf milde Moorlandschaften, glasklare Seen und einsame Küsten.

Hecken den Weg. Manchmal wuchern die Büsche so hoch, daß sie die Sicht versperren und das Gefühl vermitteln, durch eine grüne Schlucht zu fahren. Und mitunter rückt das Grün auch so dicht an das Auto heran, daß Fahrer und Beifahrer die Fenster herunterkurbeln und Zweige rupfen könnten. Wenn jetzt bloß nicht gerade ein Auto um die Kurve kommt… In abgelegenen Gegenden verknäulen sich die buckeligen Seitenstraßen häufig geradezu labyrinthisch. Wie ein orientierungsloser Käfer summt man durch einen Irrgarten, um am Ende so manch grünflankierter Odyssee ganz woanders einzutrudeln als dort, wo man eigentlich hinwollte und der Straßenkarte zufolge auch hätte hinkommen müssen.

Aber, wer wollte sich darüber wirklich ernsthaft beschweren? Auf diese Weise entdeckt man unterwegs vielleicht einen verschwiegenen Sandstrand, einen wenig besuchten prähistorischen Steinkreis, eine romantische Klosterruine oder eine hübsche Dorfkirche, möglicherweise auch einen reizenden strohgedeckten Pub oder ein rosenumkränztes Cottage.

Soviel ist nämlich sicher: Reisen durch England, Schottland und Irland sind Entdeckungstouren. Bis auf die Ballungsräu-

Friedensaussichten. Der historische Vertrag, der 1998 zwischen London, Dublin und den nordirischen Politikern geschlossen wurde, hat nicht nur in Nordirland die Hoffnung auf einen dauerhaften Frieden zwischen Katholiken und Protestanten genährt. Nach Jahrzehnten des Terrors votierte die überwiegende Mehrheit der Iren und Nordiren für ein Ende der Gewalt und die Selbstbestimmung. Wenngleich der Friedensprozeß mit Rückschlägen zu kämpfen haben wird, so scheint er doch endlich unumkehrbar zu sein. In Belfast jedenfalls, wo ein gemeinsames Parlament eingerichtet wurde, macht sich seither Aufbruchstimmung breit. Schließlich hat auch der nördliche Teil der grünsten Insel Europas für den Tourismus einiges zu bieten: Seine heidebewachsenen Berge, seine weitläufigen Täler, wildromantische Strände und den

In den Flugzeugwerften von Rochester nimmt das Passagierflugzeug »Scylla« Gestalt an (oben; Foto 1934). – Schnell geht die Fahrt über den Ärmelkanal mit einem modernen Luftkissenboot (unten).

Die etwas andere Übernachtung

*D*ie Britischen Inseln wären nicht das, was sie sind, wenn man dort genauso wohnen würde wie anderswo. Selbst wer noch nie in England, Irland, Schottland oder Wales war, hat schon von den einzigartigen Bed & Breakfast-Quartieren (kurz: B & B) gehört: Diese Privatunterkünfte finden sich flächendeckend in allen Regionen Großbritanniens. Abgesehen davon, daß sie meist mit nettem Familienanschluß verbunden sind, vermitteln sie auch eine lebendige Vorstellung von den jeweiligen Einrichtungsgepflogenheiten. Der nachgeahmte Kamin gehört dabei ebenso zum Standard wie Blümchentapeten, Porzellan-

katzen und Messinglampen. In den besseren Häusern (erkennbar an der Tourist-Board-Plakette) gibt es zu Bett und Frühstück oft auch ein eigenes Badezimmer und einen TV-Anschluß. Nicht selten ist auf den Zimmern auch alles vorhanden, was man braucht, um Kaffee – und natürlich Tee – zu kochen. Preislich ist eine B & B-Übernachtung nicht mehr ganz so günstig, wie es eine zählebige Legende behauptet, aber billiger als im Hotel wohnt man auf diese Weise allemal. Außerdem bekommen Reisende, und darin

besteht wirklich der größte Vorteil dieser Form der Übernachtung, von ihrer Wirtin stets ein Riesenfrühstück vorgesetzt. Spätaufsteher können nach einem solchen Breakfast getrost aufs Mittagessen verzichten.

Kaum weniger Charakter und Charme haben die vielen kleinen Country Hotels. Sie befinden sich zumeist in alten, schön restaurierten Gebäuden und passen sich stilistisch ihrer Umgebung wunderbar an. Die gut geführten Häuser können in der Regel sogar mit Freizeitangeboten wie Golf oder geführten Ausritten aufwarten.

Die herzliche Atmosphäre und das Gefühl, die Zeit sei irgendwann stehengeblieben …

… tragen dazu bei, daß Reisende den Aufenthalt in englischen Unterkünften immer wieder als überaus angenehm empfinden.

Besonders aufmerksam wird der Gast natürlich als »Schloßherr« umsorgt. Eine ganze Reihe ehemaliger Herrschaftshäuser – in denen die Adeligen mitunter noch selbst residieren – ist zu Spitzenhotels umgebaut

Trust, PO Box 39, Bromley, Kent, BR1 3XL.
Für Familien und Selbstversorger lohnt sich in der Regel die Anmietung eines Ferien-

Von kühler Funktionalität keine Spur: Sowohl Aufenthalts- als auch Schlafräume sind behaglich und mit viel Liebe zum Detail ausgestattet.

worden. Wer dort wohnt, vielleicht sogar in historischen Interieurs, fühlt sich selbst gleich ein bißchen geadelt. Eine Liste von Übernachtungsmöglichkeiten in denkmalgeschützten B & Bs, Landhäusern und Burgen versendet auf Wunsch der National

hauses, das auf den Britischen Inseln immer Cottage heißt, ohne tatsächlich nur eine »Hütte« zu sein. Wer eine solche Unterkunft vor Ort bucht, sollte vor allem auf verläßliche Heizmöglichkeiten achten, da es selbst im Sommer empfindlich kühl werden kann.
Eine interessante Alternative für Einzelreisende, die in Hotels manchmal mit winzigen Zimmern vorlieb nehmen müssen, sind die altehrwürdigen Universitäten: In Zeiten knapper Kassen vermieten sie während der Ferien ihre Student Halls. So kann man ein wenig akademische Atmosphäre schnuppern und hat gleichzeitig eine komfortable Unterkunft.

DIE TECHNIK UND IHR EIGENSINN

Immer wieder kann man miterleben, wie sich in Unterkünften unerfahrene Gäste über vermeintlich nicht funktionierende Geräte beschweren. Wenn zum Beispiel die Stehlampe auf dem Zimmer nicht brennt, so ist sie in der Regel keineswegs defekt. Auch die Glühbirne muß nicht ausgewechselt werden, sondern der Benutzer hat nur vergessen, den landesüblichen Extraschalter an der Steckdose zu betätigen. Auch ein streikender Fernseher erweist sich meist als vollkommen intakt, man darf an seinem Einschaltknopf nur nicht drehen, er muß vielmehr herausgezogen werden. Am besten ist es, beim Beziehen eines Zimmers einfach zu fragen, wie was zu bedienen ist. Das gilt vor allem auch für die recht mysteriösen elektrischen Duschanlagen. Nur ein Problem kann meist nicht ohne weiteres gelöst werden: Wer keinen dreipoligen Steckdosenadapter dabei hat, muß auf das Benutzen mitgebrachter Elektrogeräte wie etwa Radio oder Fön wohl oder übel verzichten.

London ist nicht weit: Im »Red Lion Hotel« in Henley läßt es sich angenehm logieren.

Genrebild von George William Joy (1844–1925; oben). Der Katholizismus ist ein zentraler Bestandteil des irischen Lebens: bei einer Messe (oben), Mädchen in Belfast nach der Erstkommunion (rechts). In einem Pub in Galway (großes Bild).

Giant's Causeway, den spektakulären Pfad des Riesen an der Nordküste, der aus Zigtausenden von Basaltsäulen vulkanischen Ursprungs besteht.

In englischen Gartenlandschaften. Lieblicher und stärker von Menschenhand geprägt als im Norden sind die Landschaften im Süden, wo der Golfstrom für ein milderes Klima und mitunter sogar für subtropische Vegetation sorgt. Wie Formationen rasengrüner Buckelwale bewegen sich die »rolling hills« durch die englischen Grafschaften Sussex, Surrey oder Dorset. Auf den Kuppen stehen uralte Eichen oder Buchen beieinander. Fachwerkdörfer ducken sich

in den Tälern, und hinter Rhododendrenhecken lugen die granitgrauen oder sandsteinfarbenen Fassaden von Herrenhäusern mit bleiverglasten Fenstern hervor. Der Schriftsteller Thomas Hardy (1840 bis 1928) hat die Landschaft seiner Heimat Dorset so meisterhaft beschrieben, daß sich die Region gern als »Hardy-Land« vorstellt. In weiten Teilen hat man im Süden das Gefühl, durch einen riesigen Landschaftspark zu fahren.

Es ist kein Wunder, daß ausgerechnet hier die besten Gärtner Europas ihr Terrain absteckten. Die berühmten englischen Gärten und Parks gehören zu den größten Kulturleistungen der Briten und sind ein überall auf der Welt kopierter Exportschlager. Ihr Vorbild ist die englische Landschaft: Bäume und Büsche in lockerer Gruppierung, Bäche mäandern durch Täler, und auf Teichen schwimmen sahnefarbene Seerosen. Der englische Garten ist eine aufs Sorgfältigste arrangierte Wildnis, alles wirkt vollkommen natürlich, ist jedoch künstlich geschaffen. Zu Englands berühmten Landschaftsgärten gehören der Sheffield Park in der Nähe von Brighton und der große Park von Petworth am Rand der Downs, des parallel zur südlichen Küste verlaufenden Höhenzugs. Beide wurden im 18. Jahrhundert von Lancelot »Capability« Brown angelegt. Den respektvollen Beinamen Capability, was soviel heißt wie Fähigkeit oder Tauglichkeit, verdiente sich Brown (1715 bis 1783) durch den Scharfblick, mit dem er ein Gelände charakterisierte, und durch sein Vermögen, dieses dann umzugestalten. Mehr als zweihundert Gärten schuf er im Lauf seines Lebens.

Zeitvertreib an der englischen Südküste: sich auf Eastbournes Pier amüsieren (oben), ein Tänzchen wagen (Mitte), die Klippen von Beachy Head bestaunen (darunter) oder einfach mit der Nachbarin plaudern (links).

Duft in lila und weiß. Souverän bedienten sich die englischen Landschaftsarchitekten auch dekorativer Anleihen aus der Antike und integrierten griechische Tempel, römische Säulen, Grotten und Pavillons in ihre Anlagen. Fast vierhundert Gärten und Parks stehen dem Besucher in Großbritannien offen: elisabethanische Duftgärtlein, Wasser-, Stein- und Rosengärten, Künstler- und Themengärten, die bestimmten Farben zugeordnet sind, Kloster-, Kräuter-, Küchen- und Bauerngärten mit überquellenden Beeten. Ganz der Farbe Lila ist der Garten Norfolk Lavender in der Nähe von Norfolk gewid-

met – ein leuchtendes, intensiv duftendes Lavendelmeer. Eine Augenweide ist auch der Weiße Garten von Sissinghurst, den die Schriftstellerin Vita Sackville-West (1892–1962) in Kent angelegt hat.

Pflanzen aus aller Welt. Im Klostergarten von Mottisfont Abbey in der Grafschaft Hampshire werden bezaubernde alte Rosensorten nachgezüchtet. Ihr einst weltumspannendes Empire erlaubte es den Briten, botanisch aus dem vollen zu

Ein üppiges Frühstück serviert die Landlady ihren Gästen.

23

Eine gute Grundlage: das »echte« englische Frühstück (oben). – Deftige Speisen gibt es in den Pubs (großes Bild).

Von Hausmannskost bis Irish Stew und Haggis

*L*ange Zeit sah sich die britische Küche den übelsten Schmähungen ausgesetzt. Es hieß sogar, die englische Sprache habe vollkommen zu Recht keinen Begriff für »Guten Appetit«, das Essen sei einfach zu scheußlich. Zum Glück hat sich diesbezüglich einiges getan. Dank diverser ethnischer Minderheiten kommen heute auf den Inseln chinesische, indische, thailändische sowie afrikanische Spezialitäten von erstklassiger Qualität auf den Tisch. Und seit Beginn der neunziger Jahre des 20. Jahrhunderts ist auch die einheimische Küche dabei, deutlich aufzuholen.

Während man in dem nordenglischen Gemüselädchen tatsächlich einkaufen kann (Mitte), wird in der Küche von Brodie Castle schon längst nicht mehr gekocht (unten).

»Modern British« nennt sich die neue Eßkultur, die verschiedenste internationale Einflüsse originell zu kombinieren versteht. Eine Weile sah es so aus, als würden dem kulinarischen Wandel die traditionellen Gerichte der britischen Küche gänzlich zum Opfer fallen. In jüngster Zeit erleben jedoch auch diese eine Renaissance. Und das ist gut so, denn die echte Hausmannskost der Britischen Inseln hat durchaus ihre Vorzüge. Was wäre beispielsweise England ohne die Klassiker Apple Pie, jenen zarten gedeckten Apfelku-

chen mit Zimt, und Yorkshire Pudding, den souffléartigen, in kleinen Förmchen gebackenen Eierküchlein? Kulinarische Höhepunkte der englischen Küche sind ihre recht aufwendigen Fleischgerichte. Zu festlichen Anlässen sehr beliebt ist etwa Honeyglazed Lamb, Lammbraten in Honigglasur. Um nach einem – mehr oder weniger – üppigen Menü den Magen zu schließen, sollte man nach Käse

der Sorte Blue Stilton fragen. Er wird in fünf Reifegraden – von mild bis ausgeprochen würzig – angeboten.
Besondere Aufmerksamkeit verdienen auch die regionalen Gaumenfreuden. In

So sieht richtig guter Haggis aus (oben). – Lecker gefüllt: cornische Teigtaschen (unten).

Zwiebeln, Wasser, Kräutern und Gewürzen. Wohl nicht jedermanns Sache ist die schottische Spezialität Haggis: Ein Schafmagen wird mit Haferschrot, Leber und anderen Innereien gefüllt, nach längerem Kochen in Scheiben geschnitten und mit Steckrüben und Kartoffelpürree serviert.
Wo immer man sich auf den Inseln zu Tisch begibt – auf ungeteilte Zustimmung stoßen sicher die meisten Süßspeisen. Man sollte zumindest die Bath Buns, eine Art Biskuittörtchen, probiert haben. Auch Scones, kleine Gebäckstücke, die am besten frisch und mit Konfitüre und Sahne schmecken, darf man nicht auslassen.

Wales beispielsweise schätzt man Cockles, Herzmuscheln, aus der Gower-Region. Für den berühmten Welsh Rarebit wird walisischer Caerphilly-Käse in Bier eingelegt und mit Brot überbacken. In Irland überrascht der über die Landesgrenzen hinaus bekannt gewordene Irish Stew. Aus einem Arme-Leute-Essen ist ein präsentables Eintopfgericht geworden: Ein guter Stew besteht aus Hammelfleisch, Kartoffeln,

»IT'S TEATIME«

In England hält jeder, der es sich irgendwie einrichten kann, am späten Nachmittag für ein Weilchen inne, um seinen »afternoon tea« einzunehmen. Dabei geht es nicht einfach darum, eine Tasse Tee zu trinken, es wird vielmehr ein zivilisatorischer Akt vollzogen. Erfunden haben soll die Zeremonie im 19. Jahrhundert eine gewisse Herzogin Ann von Bedfordshire. Sie empfand die Spanne zwischen Mittag- und Abendessen als zu lang. Und das merkt man der nachmittäglichen Mußestunde noch heute an: Wenn zum Tee keine Sandwiches oder Pastetchen gereicht werden, so doch zumindest süße kuchenartige Brötchen mit vielen Rosinen. Verspeist werden diese mit einer ordentlichen Portion Sahne.

25

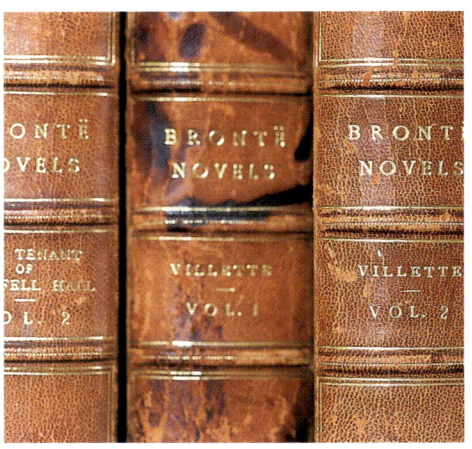

Literaten von Rang: Charlotte Brontë (1816–1855; oben), George Bernard Shaw (1856 bis 1950; rechts oben) und Charles Dickens (1812–1870; unten). – Das Gemälde von 1822 zeigt König Georg IV. bei einem Bankett (Mitte).

und Glied stehende Stiefmütterchen oder salutierende Tulpen haben hier keine Chance. Die disziplinierte Ungekünsteltheit, die sich darin ausdrückt, gehört zu den wirklich großen Talenten der Engländer. Statt zwanghafter Unterwerfung der Natur sind Natürlichkeit und Blütenpracht gefragt. Wenn schon gestutzt wird, dann mit Phantasie und Witz. Im südenglischen Garten von Great Dixter etwa sind die Buchsbäume zu Vögeln und Eichhörnchen zurechtgeschnitten.

Eine segensreiche Stiftung. Fremder Leute Anwesen zu besichtigen, ist eine britische Passion, die vergleichbar ist mit der Freude der Französinnen am Schaufensterbummel. Ein großer Teil der Gärten untersteht der Obhut des National Trust, dessen Landbesitz längst größer ist als der der Queen. Der National Trust ist nicht nur der mächtigste Großgrundbesitzer der Nation, sondern auch eine einmalige Einrichtung zum Schutz bedrohter Landschaften und historischer Kulturdenkmäler. Seit über hundert Jahren rettet er alte Häuser vor dem Verfall, bewahrt historische Dörfer vor der Spitzhacke und Landschaften vor der Zubetonierung. Die Stiftung, die von Naturschutzverbänden und über zwei Millionen Privatpersonen getragen wird, hat es sich zur Aufgabe gemacht, »Orte von historischem Interesse oder natürlicher Schönheit« zu schützen und der Öffentlichkeit zugänglich zu machen. Inzwischen gehören ihr Burgen, Schlösser und Adelssitze, Taubenschläge und Bauernhäuser, ja sogar ganze Dörfer und Landstriche. Sie verfügt über 800 Kilometer der schönsten Küstenabschnitte, darunter auch die berühmten weißen Klippen von Dover. Viele Herrenhausbewohner öffnen nur deshalb ihre Haus- und Gartentore für zahlende Besucher, weil die Stiftung für Unterhalt, Pflege und Steuern aufkommt. So mancher verarmte und von der Erb-

schöpfen. Eukalyptusbäume aus Australien, Palmen aus Indien, Rhododendren aus Nepal – von überallher brachten Entdeckungsreisende und Kolonialherren exotische Pflanzen ins Mutterland des Commonwealth mit. Die meisten Samen schlugen in frostfreier englischer Erde willig Wurzeln. Das Gärtnern ist zweifellos die liebste Freizeitbeschäftigung der Briten. Stundenlang werkeln sie am Wochenende im Freien, die Frauen im robusten Tweedrock und Anorak, die Männer in weinroten Strickjacken. Auch im Nieselregen beschneiden sie geduldig Rittersporn, Kletterrosen und Clematis, bändigen mit viel Fingerspitzengefühl Löwenmäulchen, Glyzinien und Fingerhut. Englische Gärten sind trotz der liebevollen Aufmerksamkeit, die man ihnen widmet, etwas wunderbar Unordentliches – keine Spur von der steifen Strenge französischer Anlagen oder den penibel abgezirkelten deutschen Beeten. In Reih

schaftssteuer gebeutelte Lord oder Earl wurde nur mit Hilfe des Trust vor dem unfreiwilligen Umzug bewahrt. Daß nun Touristen durch sein Wohnzimmer stapfen und das Tafelsilber begutachten, ist der Preis, den er bezahlt, um im angestammten Familiensitz bleiben zu dürfen.

Vergangenheitsverliebt. Kein Zweifel, die Lebensgewohnheiten auf den Inseln erscheinen Besuchern vom Kontinent mitunter schon etwas eigen. Und eines ist wirklich unübersehbar: Die Briten hängen an ihrer Vergangenheit, sie lieben alte Möbel, alte Kostüme, alte Bräuche. Auf Flohmärkten verkaufen sie ihr ausrangiertes Porzellan und Silber am liebsten in spitzenbesetzten Tudor-Kostümen. Wie

kein anderes Volk sonnen sie sich im Glanz ihrer historischen Heldentaten, jener glorreichen Zeiten, als ihre Seefahrer die Weltmeere eroberten und das Empire bis nach Hinterindien und Südafrika reichte. Mit leuchtenden Augen und vor Begeisterung wippenden blaugrau kolorierten Löckchen können reizende ältere Damen des National Trust stundenlang Anekdoten über die einstigen Bewohner jener Burgen und Schlösser erzählen, in deren musealen Räumen sie als freiwillige Helferinnen tätig sind.

Schaurig und schön. In alten Gemäuern gehört es zum guten Ton, daß ein Hausgespenst durch die Räume spukt. Kein adeliger Gutsherr, der etwas auf die Familienehre hält, würde es wagen, in seiner Ahnengalerie auf einen unglücklich verliebten, tragisch verunglückten oder hinterrücks gemeuchelten Vorfahren und dessen nächtliches Rumoren zu verzichten. Natürlich lassen sich gute wie böse Geister hervorragend zu touristischen Zwecken einsetzen. Beispiele findet man als Besucher überall, etwa die erfinderischen Londoner Stadtspaziergänge auf den Spuren von Jack the Ripper. Diese

Virginia Woolf (1882–1941; oben), Lord Byron (1788 bis 1824; links oben), Charlie Chaplin (1889–1977; links unten) und Laurence Olivier (1907–1989; links).

Krimi-Klassiker: Alfred Hitchcock in »Frenzy« (oben), »Sherlock Holmes« (unten), »Miss Marple« (darunter).

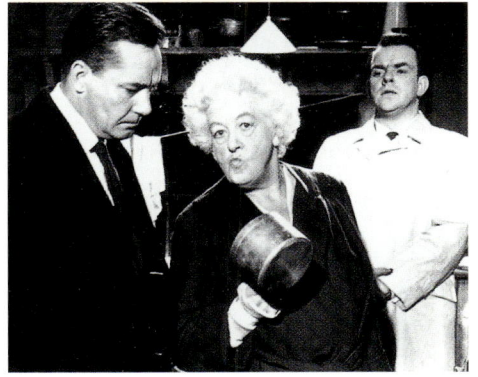

Londoner Typen: im Hyde Park
(oben), Jongleur (Mitte).

Traditionell und modern

Die britische Hauptstadt weiß kaum wohin mit ihrer Energie und ihrer Größe. Wie ein steinerner Ozean brandet sie bis hinein in die umliegenden Grafschaften. Unzählige Berufspendler füllen tagsüber die Innenstadt, um in altehrwürdigen Unternehmen wie der Lloyds-Versicherung oder der Bank of England – und natürlich an vielen anderen Arbeitsplätzen – ihrem Tagwerk nachzugehen.

In Londons City werden auf engem Raum Gegensätze offenbar, wie sie krasser kaum sein könnten: Perückenbewehrte Anwälte treffen auf Börsenmakler in teuren Anzügen und schrille Punks, die zwischen den Kramläden der Carnaby Street und den Künstlerquartieren von Soho warten, daß etwas geschieht. Inder, Pakistani, Chinesen und Zuwanderer aus der Karibik verleihen der Metropole ihre unvergleichliche multikulturelle Würze. Ganz anders sähe die Stadt auch ohne ihr legendäres »Swinging London« aus, jene brodelnde Kultur- und Modeszene, die sich in immer neue Gefilde vorwagt und kreiert, was früher oder später international zum Trend wird. Wo immer sich das Leben derart bunt

Der Ausrufer am Riesenrad
»The Eye« macht lautstark
Reklame (unten), während der
königliche Wachsoldat keine
Miene verzieht (rundes Bild).

und schrill austobt, bedarf es eines soliden Selbstbewußtseins, und das erwächst in London – typisch englisch – aus der Tradition. Im Erscheinungsbild der Stadt zeigt

sie sich am deutlichsten in der City of Westminster. Dort, unter dem Glockenschlag von Big Ben, ziehen die Reiter der königlichen Kavallerie wie vor hundert Jahren durch die Regierungsstraße Whitehall zum Buckingham Palace, um den gleichermaßen spektakulären wie auch etwas konfus wirkenden Wachwechsel, Changing of the Guards, zu inszenieren. Die Downing Street liegt in stillem Understatement etwas abseits und läßt allenfalls erahnen, daß in Number 10 schon etliche Staatschefs Entscheidungen von weltpolitischer Tragweite getroffen haben.

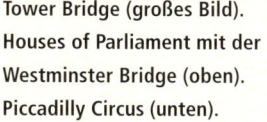

Tower Bridge (großes Bild).
Houses of Parliament mit der
Westminster Bridge (oben).
Piccadilly Circus (unten).

*Manch einer von ihnen ge-
langte auf diese Weise zu
Ruhm und Ehre sowie zu
einem Begräbnisplatz un-
ter den Großen des Landes
in der Westminster Abbey.
Was London so unverwechselbar macht, ist die Tatsache,
daß Gestern und Heute hier
so intensiv aufeinander
stoßen: Die alten Wälle des
Tower stehen vor der modern
schimmernden Kulisse der
Docklandtürme, und in der
Oxford Street strömen die
Menschen aus alten Doppel-
deckerbussen direkt hinein in
die eleganten Konsumtempel.*

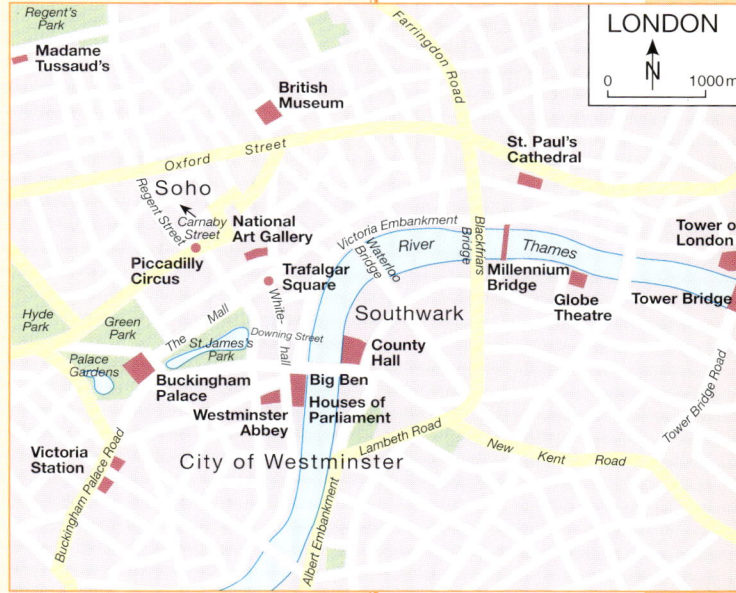

Der Ford ist wieder flott (oben). – Mit der Kutsche unterwegs (Mitte). – Autofähre in Dartmouth (unten).

oft nächtlichen »city walks« garantieren Grusel und Gänsehaut und erfreuen sich großer Beliebtheit. In vielen Landgasthöfen werden auch Mörder- und Detektivspiele veranstaltet, bei denen die Mitspieler lustvoll ihre tiefsten Abgründe ausleben dürfen.

Fabelhafte Wesen. Wo die Nebel über einsamen Hochmooren wabern, sind auch Geister und Märchengestalten nicht weit: In langen Winternächten schwelgen die fabulierfreudigen Iren gern in ihren zahlreichen Mythen und Legenden. Nirgendwo wimmelt es derart von heiligen Männern, von rothaarigen Hexen, von Unterirdischen und anderen eigentümlichen Wesen wie in ihrer reichen Sagenwelt. In Schottland ist es das Ungeheuer von Loch Ness, das immer wieder aus dem Unterbewußtsein der Nation emportaucht. Was

Kraftvoll: Gewichtheber bei den Highland Games (rechts oben) und Rugbyspieler vom Richmond RC (rechts unten).

wäre der See am Urquhart Castle auch ohne die geheimnisvolle Seeschlange Nessie, die angeblich schon vor 1500 Jahren hier gesichtet wurde?

Schrullig? – Ja bitte! Zweifellos hat man es auf den Britischen Inseln mit ausgeprägten Individualisten zu tun, mit liebenswürdigen Menschen, die ihre Neigung zum Eigenbrötlerischen hegen und pflegen. Ein Klischee? Vielleicht, aber eines, das selbst der Globalisierung standhält. Die Geographie macht es den Insel-

Nicht nur beim Pferderennen in Ascot wird leidenschaftlich gewettet, auch wenn in Wimbledon die Greyhounds starten, ist viel Geld mit im Spiel (oben und großes Bild).

bewohnern leicht. Kein Nachbar rückt ihnen zu nah auf die Pelle – daran hat auch der Kanaltunnel, die lange umstrittene Verbindungsröhre zum Kontinent, nichts geändert. Noch immer schätzen die Briten ihre »splendid isolation«, ihre herrliche Abgeschiedenheit, über alles.

Wo sich Eigenheiten störungsfrei ausbreiten können, da wächst die Empfänglichkeit fürs Unangepaßte und Schrullige. Es ist sicher keine Übertreibung, wenn man feststellt, daß Engländer ebenso wie Schotten und Iren für Absonderlichkeiten anfälliger sind als die eng aufeinanderhockenden, zu Kompromissen genötigten Mitteleuropäer. Jedenfalls werden nirgendwo auf dem Kontinent Ticks, Spleens und Marotten so liebevoll kultiviert wie auf den Britischen Inseln.

Kriminelle Energien. Zur kollektiven Vorliebe für subversives Handeln gehört beispielsweise das Schmuggeln. Überall auf den Inseln wurde mit einer großen Lust an Grenzüberschreitungen illegaler Warenaustausch betrieben. Allein in Cornwall, dem wilden Südwesten Englands, sollen im 18. Jahrhundert jährlich mehr als zwei Millionen Liter Alkohol –

vorzugsweise in Brandyfässern – am Zoll vorbeigeflossen sein. Selbst auf der eher zurückhaltenden, familienfreundlichen Isle of Wight brüsten sich viele Pubs noch heute damit, einst wahre Schmugglernester gewesen zu sein. Man sieht also: Nicht nur die Iren und die Schotten, deren emotionaler Thermostat bekanntlich höher eingestellt ist, auch die Engländer benehmen sich keinesfalls immer so wohlerzogen, wie es ihre vorbildlichen Warteschlangen an den Bushaltestellen vermuten lassen. Aber das macht sie ja nur um so sympathischer.

London: Millennium Dome (oben). – Strahlen um die Wette: irische Kinder (unten).

Die sanft geschwungenen Wiesenbuckel der Seven Sisters bei Eastbourne zählen zu den schönsten Kalkformationen an der englischen Südküste.

Von London in Englands Südosten

ROUTE *1*

Der umtriebigen Hauptstadt den Rücken kehren und in die Beschaulichkeit der Countryside eintauchen: In den Grafschaften Kent, Sussex, Essex und Suffolk, in den Norfolk Broads und an der Küste zeigt England dem Besucher einige seiner allerschönsten Seiten.

Sanfte Hügel,
rauhe Küsten

Kaum anderswo in England findet man so viele Burgen und Festungen wie im Südosten. Auch die »Cinque ports«, jene fünf historischen Häfen, denen es im Mittelalter oblag, die Küste zu bewachen, zeugen von der alten Angst vor Invasion und Belagerung. Heute präsentiert dieser englische Landstrich seine Naturschönheiten und geschichtsträchtigen Stätten zum Glück in sehr freundlicher Manier.

Wenn abends im Laxfielder Pub »The King's Head« Musik gemacht wird, ist von der vermeintlichen englischen Steifheit überhaupt nichts zu spüren.

Welcome to *London*, willkommen in der Metropole der Gegensätze: Spaziergänge durch die City der britischen Hauptstadt sind Geschichtskunde pur. Auf Schritt und Tritt wird deutlich, daß einst von hier aus ein riesiges Empire regiert wurde. Die architektonischen Zeugen der Vergangenheit haben klingende Namen wie Westminster Abbey, Big Ben, Trafalgar Square, Piccadilly Circus und natürlich Buckingham Palace. Hier tritt die Stadt konservativ auf, pompös, bombastisch und sehr britisch. Doch keine Sorge: An anderen Orten zeigt sich London avantgardistisch und erfrischend multikulturell: In den Clubs heizen karibische und afrikanische Bands dem Publikum ein, in den vielen Parks picknicken sonntags indische und pakistanische Großfamilien, und in den Restaurants köcheln alle Gerichte dieser Welt. Das Menschengewimmel auf den Straßen und in der »tube«, wie die Untergrundbahn hier heißt, könnte kaum bunter sein. Doch irgendwann, wenn die Füße weh tun und die Koffer überquellen von den Einkäufen auf der Portobello Road, wo täglich ein riesiger Trödelmarkt stattfindet, ist man reif fürs Land. Nun heißt es: Raus aus der brodelnden Hauptstadt und hinein in die wundervolle englische Countryside. Dorthin, wo das Auge auf sanften Grüntönen ruhen kann und das ländliche Bilderbuchengland über milde Hügel dahinrollt.

Mord in der Kirche. Die Grafschaft Kent gehört noch zum »stockbroker belt«, dem von Pendlern bewohnten grünen Gürtel um die Hauptstadt. Hier erholen sich glückliche Eigenheimbesitzer beim Golfen, Fischen und Gärtnern von den Turbulenzen der Londoner Börse. Kent macht seiner Charakterisierung als »Garten Englands« alle Ehre. Obstplantagen, Gärten und Parks mit makellos grünem Rasen wechseln sich ab mit Burgen, Wasserschlössern und Festungen. Am schönsten ist die Fahrt durch diesen Landstrich im Frühjahr, wenn die Apfel-, Kirsch- und Birnbäume blühen. Erste Station in der Countryside ist *Broadstairs*, ein Badeort, der noch heute mit einem weltbekannten Stammgast Reklame macht: Charles Dickens (1812 bis 1870). Zu seinen Ehren findet alljährlich ein Literaturfestival statt. Die Stadt *Canterbury*, ein paar Kilometer weiter südwestlich gelegen, verdankt ihren Ruf einem schaurigen Meuchelmord, der – ausgerechnet – in der Kathedrale stattfand: An einem finsteren Winterabend im Jahr 1170 schlichen vier betrunkene Ritter, angestachelt von keinem geringeren als König Heinrich I., in das Gotteshaus und erschlugen den Erzbischof Thomas Becket. Der Geistliche wurde heiliggesprochen und zum Märtyrer erhoben. Der König soll sein Tun bitter bereut haben, und seither strömen die Pilger nach Canterbury. Der Dichter Geoffrey Chaucer (um 1340–1400) hat ihre unterwegs geführten Gespräche im 14. Jahrhundert in seinen berühmten »Canterbury Tales«

Vor allem in den Norfolk Broads gibt es noch viele Windmühlen.

Voll funktionstüchtig: die Windmühle mitten in dem alten Weberstädtchen Cranbrook mit seinen typischen weiß verschindelten Häusern.

521 Meter lang ist der berühmte Palace Pier in Brighton (rechts oben). – Ein Pfeifchen und ein Bier: Was braucht der Mensch mehr? (oben). Auf der Strandpromenade von Great Yarmouth (unten).

»Sie versuchte sich vorzustellen, wie es im Frühling aussah, wenn die Obstgärten als niedrige Wolken von Weiß und Rosa über der Erde schweben … wenn der wandernde Himmel sich über den Nordhügeln mit weißen Segeln bedecken würde.«

Vita Sackville-West, *Eine Frau von vierzig Jahren, 1932*

zusammengefaßt. Heute drängen sich jährlich mehr als drei Millionen Besucher durch die engen Gassen – oft mehr, als der Stadt guttut.

Küstenerlebnisse. Das nächste Ziel sind, nach kaum einer halben Stunde Fahrzeit, die berühmten Kreidefelsen von *Dover*, eines der Wahrzeichen Englands. Von Dover Castle aus, der imposanten normannischen Burg, kann man an einem klaren Tag bis hinüber nach Frankreich sehen. An der Küste entlang geht es weiter nach *Folkestone*, wo der Kanaltunnel, die unterirdische Verbindung zum Kontinent, englischen Boden erreicht. Folkestone gehört wie Rye, Dover, Deal und Sandwich zum historischen Verbund der Cinque Ports, der fünf Häfen, die im Mittelalter für die Bewachung der Küste zuständig waren und dafür viele Privilegien genossen. Das reizende Städtchen *Rye* liegt heute allerdings nicht mehr am

Geschichtsträchtig: das Audley End House.

Gepflegtes Picknick beim Derby-Tag in Epsom.

Meer, sondern inmitten von Marschland. Mit seinen steilen Kopfsteinpflastergassen, den weinberankten Fachwerkhäusern und der hübschen Kirche wirkt es ausgesprochen pittoresk. Man erreicht Rye über Tenterden und fährt dabei durch den Weald, ein ehemals sehr waldreiches Gebiet, dessen Holz die Eisenverhüttung fast komplett fraß. Seit langem schon ist das sanft hügelige Landschaftsbild hauptsächlich von Obstplantagen geprägt. In *Hastings* wurde ein bedeutsames Kapitel der britischen Geschichte geschrieben: Auf dem Schlachtfeld von Battle besiegte der Normannenkönig William the Conqueror im Jahr 1066 England.
Beschaulicher geht es in *Eastbourne* zu. Wegen seines milden Klimas hat sich das Seebad zu Englands Rentnerparadies schlechthin entwickelt. Vor den verglasten Veranden viktorianischer Hotelpaläste sitzen vergnügte Ruheständler beim Tee, die Decke auf den Knien, den Blick

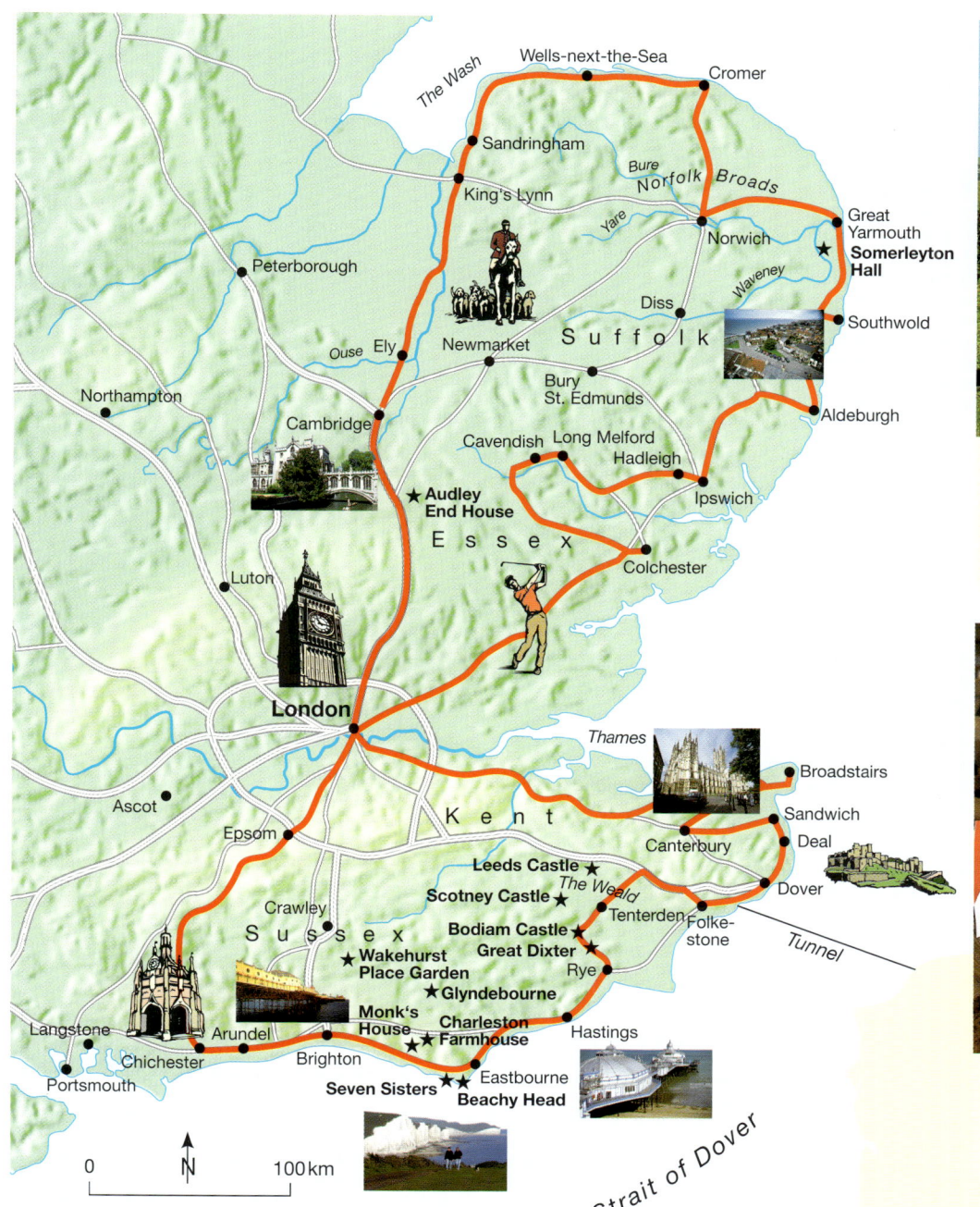

In sanftem Auf und Ab führt die von Hecken und Baumgruppen gesäumte Straße von Beachy Head nach Eastbourne.

Auf Tiere zum Streicheln hofft diese Besucherin der Suffolk County Show.

Aus dem Grün oberhalb der Klippen von Dover erhebt sich die Burganlage Dover Castle.

aufs Meer gerichtet. Für die grandiose Klippenwanderung auf den Kreidefelsen von Beachy Head muß man allerdings schon noch ein bißchen rüstig sein, und auch die Nerven sollten noch mitspielen: Bis zu 170 Meter tief fallen die Klippen steil hinunter ins Meer. Immer wieder bröckelt die Erde, und das Wasser nagt sich ein Stück Land heraus. Die Ausblicke auf die zerklüftete Steilküste und das Meer sind atemberaubend, ebenso das Auf und Ab der Seven Sisters, der sieben Schwestern, wie die malerischen Wiesenbuckel heißen.

Englische Überspanntheiten. Durch die grünen Hügel von Sussex geht es weiter nach *Brighton*. Eine ganz und gar nicht standesgemäße Affäre leitete im 18. Jahrhundert dessen Aufstieg zum füh-

Snape bei Aldeburgh: Bis hierher ist die Alde schiffbar.

Unterwegs in Sussex: In einem Mercedes von 1905 läßt sich die Fahrt besonders genießen (rechts und großes Bild). – Die Freude über den Schulschluß ist den Schülern der King's School in Canterbury deutlich anzusehen (links). – Zum Verweilen und Genießen lädt der malerisch gelegene Pub »The Royal Oak« in Langstone ein (unten).

»S« wie Salvation, Rettung, ist das Motto der englischen Heilsarmee.

renden englischen Seebad ein. Als sich der Prince of Wales und spätere König Georg IV. (Spitzname »Prinny«) in die sechs Jahre ältere Witwe Maria Fitzherbert verliebte und klar war, daß die Liaison auf Legalität nicht hoffen durfte, baute Prinny für sich und seine Geliebte hier ein exotisch-skurriles Lustschloß, den Royal Pavilion. Im Gegensatz zum gediegen-gepflegten Eastbourne ist der Glanz des einst mondänen Seebads Brighton ziemlich verblaßt. Dafür tobt hier jetzt das pralle Leben. Am Pier schrillen und kreischen Bingoautomaten, Karussells und Karaokesänger mit den Möwen lautstark um die Wette.

Über *Arundel*, ein Fachwerkörtchen, das von einer mittelalterlich wirkenden, jedoch gerade einmal hundert Jahre alten Burg überragt wird, erreicht man auf der A 27 *Chichester*. Die von den Römern gegründete Kleinstadt besitzt eine sehens-

werte normannische Kathedrale mit gut erhaltenem Kreuzgang. Im Fishbourne Roman Palace verweisen wunderbare Bodenmosaike auf das römische Erbe. Wir wenden uns wieder Richtung London und passieren auf dem Weg dorthin *Epsom*, das für Fans des Pferderennsports fast ebenso bedeutsam ist wie Ascot.

Den Künsten zugetan. Über London geht es weiter nach *Colchester*, das innerhalb seiner Ringmauern übersichtlich wie ein Schachbrett angelegt ist. Colchester gilt als Großbritanniens älteste urkundlich erwähnte Stadt. Im Castle Museum, das im höchsten normannischen Bergfried Europas untergebracht ist, schnurren 2000 Jahre Geschichte anschaulich auf ein Video von eineinhalb Stunden zusammen. Colchesters Historie ist bis heute auf das angenehmste mit einer köstlichen Meeresfrucht verbunden – der Auster. Ob sich auch die Römer von kulinarischen Gelüsten leiten ließen, als sie ihren Militär- und Handelsstützpunkt am

Neben den Kreidefelsen von Beachy Head wirkt der knapp 50 Meter hohe Leuchtturm wie ein Spielzeug (oben). In den Lanes, dem früheren Fischerviertel von Brighton, findet man heute viele kleine Läden und Straßencafés (unten). – Für Gartenliebhaber ein Muß: der Sheffield Park Garden südöstlich von Crawley (darunter).

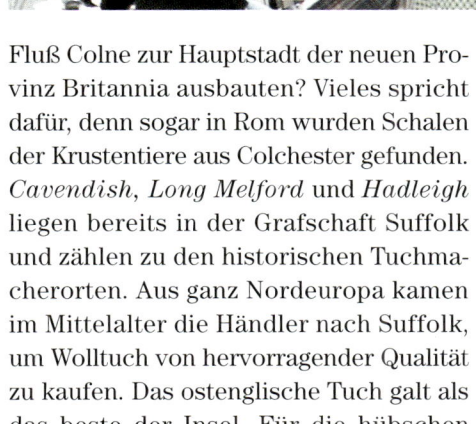

VETERANEN AUF RÄDERN

In einem prächtigen Konvoi brummen und röhren jeden ersten Sonntag im November Hunderte von Oldtimern von London ins Seebad Brighton. Dichte Menschentrauben säumen an diesem Tag die Straßen, mag das Wetter auch noch so scheußlich sein. Die Veteranenfahrt erinnert daran, daß 1896 die Höchstgeschwindigkeit von 4 auf 12 Meilen (19,5 km/h) heraufgesetzt wurde. Seinerzeit hatten sich 39 Fahrzeuge vor dem Londoner »Hotel Metropol« versammelt und waren gen Süden gestartet. Seither wird die London-Brighton-Rallye alljährlich wiederholt. Startberechtigt sind nur Oldtimer, die vor 1905 gebaut wurden. Die Fahrer freilich sind etwas jünger.

Fluß Colne zur Hauptstadt der neuen Provinz Britannia ausbauten? Vieles spricht dafür, denn sogar in Rom wurden Schalen der Krustentiere aus Colchester gefunden. *Cavendish*, *Long Melford* und *Hadleigh* liegen bereits in der Grafschaft Suffolk und zählen zu den historischen Tuchmacherorten. Aus ganz Nordeuropa kamen im Mittelalter die Händler nach Suffolk, um Wolltuch von hervorragender Qualität zu kaufen. Das ostenglische Tuch galt als das beste der Insel. Für die hübschen

Fortsetzung Seite 44

Weil die Gewässer nahezu strömungsfrei sind und keine Schleusen überwunden werden müssen, sind die Broads ein ideales Boots-Revier.

Idylle auf dem Wasser

Ob auf dem großen Hickling Broad nördlich von Potter Heigham (oben), ob in der Nähe der Thurne Dyke Windpump (großes Bild und unten) – schön ist es überall. – Noch heute wird auf einer Werft in den Broads die Hunter Yacht gebaut (rundes Bild).

*R*ote Windmühlen und weiße Segel beleben den Horizont, Motorboote tuckern durchs Wasser, Frösche quaken und Libellen sirren durch die Luft. Ab Oktober kommen die Kormorane zum Überwintern, und manchmal lassen sich sogar Fischadler blicken. Die Broadlands zwischen Norwich und Nordsee bilden mit 570 Quadratkilometern Englands größtes Feuchtgebiet – eine labyrinthartige Landschaft aus Marschwiesen und Feldern, Deichen und Flüssen, Bächen und Seen. In den Wiesen und Flußauen wachsen Butterblumen und gelbe Schwertlilien. Sieben Flüsse, der River Bure mit seinen Nebenflüssen Thurne und Ant, der Yare mit seinen Nebenarmen Wensum und Chet sowie der River Waveney bewässern hier ein Naturschutzgebiet, in dem seltene Vogel- und Pflanzenarten ein Refugium gefunden haben. Passionierte Hausbootfreunde und Freizeitkapitäne können sich kaum ein schöneres Terrain wünschen als die Norfolk Broads. Auf fast 400 Kilometer summieren sich die schiffbaren Wasserwege. Was sie besonders beliebt macht, ist die Tatsache, daß sie keine Schleusen haben. Die Land-

schaft mit ihren zahlreichen Seen, Flüssen und Auenwäldchen wird gern mit den amerikanischen Everglades verglichen. Anders als die Sümpfe in Florida sind die Broads jedoch ein künstliches Feuchtbiotop, entstanden durch den Torfabbau im Mittelalter. Schon die Römer und nach ihnen die Sachsen und Normannen versorgten sich hier mit Brennmaterial. Die Torfgruben liefen voll Wasser und bildeten die Broadwaters. Zur Entwässerung und Energiegewinnung wurden die zahlreichen Windmühlen gebaut, die der Landschaft noch

Daß man für solch kleine Nußschalen keinen Führerschein benötigt, versteht sich von selbst (oben) – doch auch mit etwas größeren Gefährten darf jeder nach einer kurzen Einweisung einfach losschippern (links unten).

immer ein fast niederländisches Gepräge geben. Um ihre Erhaltung kümmert sich der Norfolk Windmill Trust, der einige der alten Energieversorger wieder herrichtete und zur Besichtigung freigab. Über Geschichte und Ökologie der sensiblen Broads-Landschaft können sich die Besucher im Broadland Conservation Centre, einem schwimmenden Museum bei Ranworth, sowie auf mehreren Naturlehrpfaden ein anschauliches Bild verschaffen.

STADT DER KIRCHEN UND DER KUNST

Überraschend hügelig erhebt sich die hübsche Stadt Norwich aus dem Flachland der Norfolk Broads. Die Einwohner sagen von ihrer Stadt, sie besitze für jede Woche des Jahres eine Kirche und für jeden Tag einen Pub. Das kommt in etwa hin: Allein innerhalb der Stadtmauern gibt es 32 mittelalterliche Kirchen. Beeindruckend ist die alles überragende Kathedrale mit ihrem wunderschönen Kreuzgang. Im Gegensatz zu vielen anderen Gebäuden wurde für ihren Bau nicht der regionaltypische Flintstein verwendet, sondern honigfarbener Kalkstein aus der Normandie. Sehenswert sind das Heimatmuseum Stranger's Hall und die Sainsbury Art Gallery. Ein Besuch des Castle Museums lohnt wegen der dort ausgestellten impressionistischen Werke der Künstler der Norwich School, einer Gruppe von Malern, die ihrer Heimat verbunden blieben, deren Kunst aber weit über ihre Grenzen hinaus Bedeutung erlangt hat.

Bildungsstätte mit viel Tradition: das King's College in Cambridge.

Der frühviktorianische Landsitz Somerlayton Hall südwestlich von Great Yarmouth öffnet seine Pforten für zahlende Besucher (links). Kunstvoll gefertigt: das hölzerne Ortsschild des Dörfchens Ludham in den Norfolk Broads (unten). Die schmucke Kopfsteinpflastergasse Elm Hill in Norwich zieren schmale, pastellfarbene Häuschen (großes Bild).

Wer in Cambridge zu akademischen Ehren gelangt, wird gebührend gefeiert.

So schmecken sie am besten: Heringe frisch aus dem Rauch.

Bilderbuchörtchen mit ihren Fachwerkfassaden, ihren strohgedeckten Cottages und ihren aus dem Flintstein der Region errichteten Kirchen sollte man sich unbedingt Zeit lassen. Rundherum präsentiert sich dem Reisenden eine herrliche Landschaft – mit weiten Flußauen, Weiden und grasenden Kühen. In dieser ländlich-beschaulichen Idylle entstanden die Bilder des Malers Thomas Gainsborough (1727–1788). Manche Regionen sehen auch heute nicht viel anders aus als auf seinen romantischen Ölgemälden.

Hinter den Deichen von *Aldeburgh* gibt nicht die Malerei, sondern die Musik den Ton an. Der Komponist Benjamin Britten, 1913 in Lowestoft, Suffolk, geboren, starb 1976 in Aldeburgh. Hier ließ er in den vierziger Jahren des letzten Jahrhunderts mehrere seiner Opern uraufführen. Eine davon, »Peter Grimes«, spielt sogar in Aldeburgh. Britten liebte Suffolk und blieb seiner Heimat sein Leben lang treu. Zu den alljährlich stattfindenden Musikfestspielen kommen noch heute einige Besucher mit dem Boot angesegelt.

Norfolks Norden. An der Küste entlang geht es nach *Southwold*, wo sich in die salzige Luft des Ozeans der süße schwere Geruch nach Malz mischt: Mitten in dem beschaulichen kleinen Badeort liegt nämlich eine Brauerei. Die Route führt nun durch den östlichsten Teil der malerischen Seenlandschaft der Norfolk Broads nach *Great Yarmouth*. Für viele englische Familien ist Great Yarmouth der Inbegriff eines Badeorts. Wer einen kühlen Tag erwischt, kann sich im malerischen Ortskern auch eines der Museen ansehen. Kultur und mittelalterlichen Charme bietet die nahegelegene Domstadt *Norwich*. Aus dem Gassengewirr ragen außer der Kathedrale noch mehr als dreißig andere Kirchen auf.

Von Norwich aus führt die Straße in Richtung rauhe Nordküste direkt nach *Cromer*, dem Seebad, das vor allem seiner

Vor dem »Sole Bay Inn« in Southwold (oben). – Cambridger Original: der Straßenkünstler Snowy Farr (unten).

Die Ursprünge der Kathedrale in Ely gehen auf eine Klostergründung im Jahr 673 zurück (links). – Achtung: Auf diesem Sträßchen in der Nähe von Laxfield ist kein Platz für Gegenverkehr (unten).

Krabben wegen, der Cromer Crabs, gerühmt wird – es sollen die besten des ganzen Landes sein. Wells-next-the Sea ist nur einer von vielen Küstenorten, die auf dem Weg nach Sandringham zu einem weiteren Zwischenstopp einladen. In *Sandringham House* verbringt die Queen alljährlich Weihnachten und Silvester. Daß das königliche Anwesen seit 1977 der Öffentlichkeit zum Teil zugänglich ist, rechnen ihr ihre Untertanen hoch an: Sie kommen in Scharen.

Auf der weiteren Route gen Süden liegt der kleine Marktflecken *Ely* mit seiner imposanten, den Ort und das umliegende Land beherrschenden Kathedrale – es handelt sich übrigens um Englands drittgrößte. Über die berühmte Universitätsstadt Cambridge, neben Oxford die bedeutsamste Eliteschmiede der Nation, geht es auf der M 11 zurück nach London.

Planen und erleben...

Broadstairs: Bis die Flut kommt, ist das Boot längst wieder sauber.

↓	ENTFERNUNGEN	↑
km	**London**	1010
	129 km	
129	**Broadstairs**	881
	132 km	
261	**Hastings**	749
	64 km	
325	**Brighton**	685
	56 km	
381	**Chichester**	629
	102 km	
483	**London**	527
	86 km	
569	**Colchester**	441
	126 km	
695	**Great Yarmouth**	315
	67 km	
762	**Cromer (Norwich)**	248
	157 km	
919	**Cambridge**	91
	91 km	
1010	**London**	km

Der Wakehurst Place Garden bei Haywards Heath.

Die Highlights

LONDON

Die Metropole an der Themse vereint alle wichtigen Epochen der europäischen Geschichte. Westminster Abbey und der Tower of London sind mehr als 900 Jahre alt. St. Paul's Cathedral stammt aus dem 17. Jahrhundert, die Tower Bridge aus Königin Viktorias Zeiten und die neue Millennium Bridge des Stararchitekten Sir Norman Foster aus dem 21. Jahrhundert. Nicht verpassen darf man die Wach-ablösung vor dem Buckingham Palace. Angesichts von dreihundert Museen fällt die Wahl nicht leicht: Allein im Britischen Museum werden neunzig Themenausstellungen gezeigt, die von ägyptischen Antiquitäten bis zu Skulpturen von Henry Moore reichen. Das Victoria and Albert Museum birgt die weltweit größte Sammlung dekorativer Kunst. Weitere Highlights sind die National Art Gallery, die Academy of Arts, und für alle, die die Avantgarde lieben, die Saatchi Gallery. Einblicke in die Welt der Naturwissenschaft vermitteln das Science Museum und das Natural History Museum, in dem sogar Erdbeben simuliert werden. In Madame Tussaud's Wachsfigurenkabinett begegnet man lebensecht nachgebildeten Staatsmännern und Stars.

Für einen Rolls-Royce findet sich auch in Biddenden ein Parkplatz.

CANTERBURY

Das Christ Church Gate, ein prächtiges Torhaus aus dem Jahr 1517, eröffnet den Zugang zur Domfreiheit, wo sich Reste

Am Strand von Southwold geht es vergleichsweise geruhsam zu.

alter Stadtmauern, die Ruinen eines normannischen Siechenhauses und die von Heinrich VIII. gegründete King's School befinden. In der gotischen Kathedrale, deren Bau 1017 begann und erst Jahrhunderte später abgeschlossen wurde, hat das Oberhaupt der anglikanischen Kirche seinen Sitz. Bemerkenswert sind die wunderschönen Glasfenster der Trinity Chapel.

RYE

In diesem bezaubernden Städtchen sollte man einmal übernachten. Die Auswahl an kleinen Hotels und hübschen Bed-and-Breakfest-Quartieren ist verlok-

kend (zum Beispiel »Jeake's House«, »The Mermaid«, »Little Orchard House«). Die Mermaid Street klettert steil den Hügel hinauf, an ihrem Ende befindet sich die Kirche mit einer Turmuhr aus dem 12. Jahrhundert. Gut 8 Kilometer von Rye entfernt lohnt Great Dixter, ein windschiefes Fachwerkhaus aus dem 15. Jahrhundert, einen Besuch. Das bleiverglaste Fenster in der riesigen Halle hat kein Geringerer als Albrecht Dürer entworfen. Der herrliche Garten wurde von dem berühmten englischen Architekten Sir Edwin Lutyens angelegt.

Markttag in Cambrigde.

BRIGHTON

Brighton ist eine quirlig-flippige Hafenstadt mit einer jungen Szene. Im Marina Village und im alten Viertel »The Lanes« kann man wunderbar bummeln. Im 19. Jahrhundert kurte und amüsierte sich hier die High-Society. Der exzentrische Kronprinz Georg IV. ließ den Royal Pavilion bauen, einen märchenhaft anmutenden Palast. Das unorthodoxe Bauwerk trug seinem Bauherrn viel Spott ein; der Stilmix aus indischen Kuppeln, islamischen Minaretten und pseudo-chinesischer Möblierung ist

Die Mermaid Street in Rye.

in der Tat eine echte aristokratische Verrücktheit. Zwischen 1800 und 1830 wurden die meisten Crescents, halbrunde Häuserzeilen im Regency-Stil, angelegt. Sehenswert ist auch die elegante Architektur im Nachbarort Hove. Möbel, Mode, Gemälde und Keramik zeigt das Brighton Museum & Art Gallery.

Zu Gast in Somerleyton Hall.

CAMBRIDGE

Peterhouse heißt das älteste von 31 Colleges der traditionsreichen Universität. Es wurde bereits im Jahr 1284 gegründet. Beim Bummeln durch die alt-ehrwürdige Stadt passiert man malerische Innenhöfe, Brücken

Einladend: Pub in der schönen alten Handelsstadt King's Lynn.

über den Fluß Cam, Straßencafés und die berühmte King's College Chapel, ein Meisterwerk der Spätgotik mit einem phantastischen Fächergewölbe und bunten Glasfenstern.

Tips für unterwegs

Londons aufregendes Vielvölkergemisch hat einen schönen Nebeneffekt: Nirgendwo auf den Inseln kann man besser essen als hier. Ob thailändisch oder armenisch, karibisch oder kenianisch, in einem feinen Restaurant oder Stehimbiß – es gibt einfach alles.
Wer in Großbritannien unterwegs ist, sollte sich einen Great-British-Heritage-Paß kaufen. Damit hat man freien Zutritt zu fast sechshundert Burgen, Landsitzen, Gärten und historischen Stätten in allen Teilen des Landes. Der (günstige) Preis richtet sich nach der Gültigkeitsdauer. Auf dem Weg von London nach Canterbury lohnt Leeds Castle bei Maidstone einen Besuch, ein grandioses normannisches Wasserschloß, das unter Heinrich VIII. ausgebaut wurde. Zu sehen sind neben Möbeln und Gobelins Gemälde von Rousseau, Degas und Toulouse-Lautrec. Weitere eindrucksvolle Schlösser sind Bodiam Castle und Scotney Castle nordwestlich von Rye.
Ein paar Kilometer nordöstlich von Brighton finden allsommerlich die weltberühmten Opernfestspiele von Glyndebourne statt. Ganz in der Nähe liegt Monk's House, wo die Schriftstellerin Virginia Woolf ihre letzten Lebensjahre verbrachte.

SOUVENIRS

Hemden von königlicher Qualität bekommt man in der Londoner James Street; hier läßt auch Prinz Charles schneidern. Nach Maß Gefertigtes der allerfeinsten Sorte gibt es zudem in der Savile Row – die Preise sind natürlich entsprechend. Die Nobeldesigner haben in der Bond Street ihre Läden – flippiger und trendiger kauft man dagegen im Camden Market ein. Wer gern in Antiquariaten stöbert und ein wenig Zeit hat, kann in den vielen Buchläden

Altes Fachwerkhaus in Lavenham.

von Cambridge auf Raritäten stoßen. Eine Spezialität der Grafschaft Essex ist Senf, besonders gut ist der »Burnham Mustard«, den es in acht Geschmacksrichtungen gibt. Nette Mitbringsel sind auch die hausgemachten Marmeladen aus Colchester.

Ein landschaftliches Kleinod: rund um den Fluß Chuckmere bei Eastbourne.

FREI DIE LIEBE, FREI DIE MALEREI

In Charleston Farmhouse, zwischen Brighton und Eastbourne nahe der A 27 gelegen, hat sich die frische und ungezwungene Atmosphäre vom Beginn des 20. Jahrhunderts erhalten. Damals war das farbenfroh gestaltete Landhaus die Dependance des avantgardistischen Bloomsbury-Zirkels, einer Gruppe von Londoner Literaten, Künstlern und Intellektuellen. Während des Ersten Weltkriegs hatte eine von ihnen, Vanessa Bell, das Haus gemietet. Sie scharte dort bald all ihre Freunde um sich. Man diskutierte über alles Mögliche, streifte die viktorianischen Zwänge ab und erprobte neue Lebensformen mit wechselnden gleich- und gegengeschlechtlichen Partnern. Zu den regelmäßigen Gästen zählten unter anderen Vanessa Bells Schwester Virginia Woolf und T. S. Eliot. Vanessa und ihre Künstlerfreunde bemalten das Haus von oben bis unten und entwarfen auch Stoffe und Tapeten. Charleston Farmhouse und der kleine Garten stehen zur Besichtigung offen.

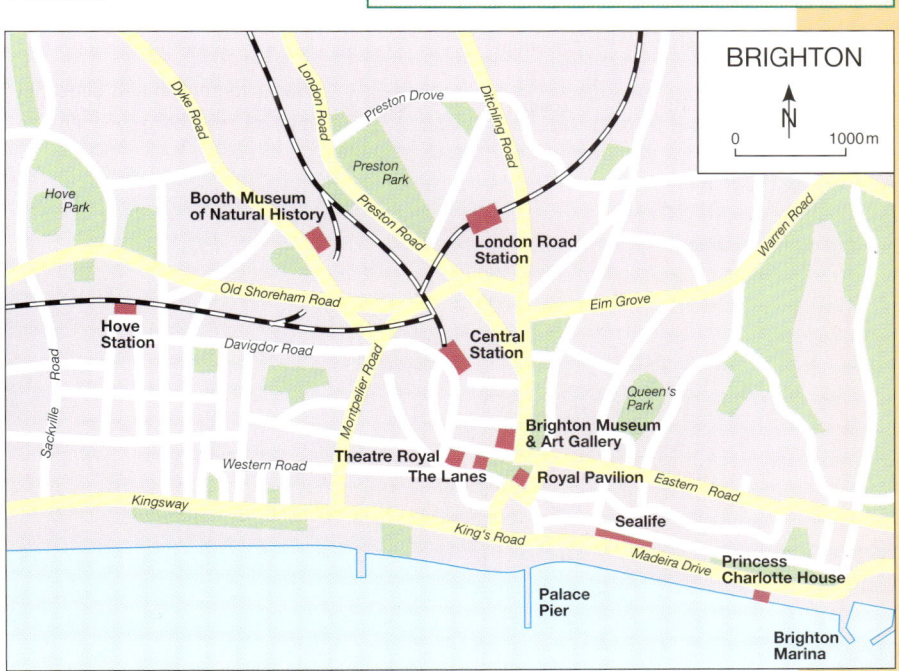

Ebenso steil wie berühmt: Die katzenkopfgepflasterte Straße Gold Hill in Shaftesbury, Dorset.

Im Südwesten
unterwegs

ROUTE **2**

An der Küste mal still und lieblich, mal tosend und wild, im Landesinnern mal melancholisch, mal heiter: Im Südwesten zeigt England Charakter, und es erzählt Geschichten – von Seefahrern und Schmugglern, von Künstlern und den Rittern der Tafelrunde.

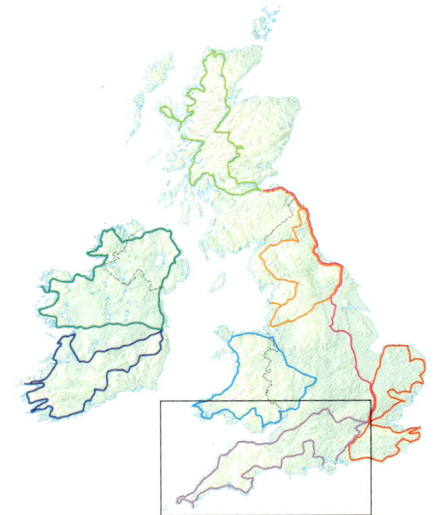

Zwischen London und Land's End

Jenes Stück der britischen Hauptinsel, dessen südwestlicher Zipfel sich weit in den Atlantik schiebt, bezaubert durch sein häufig wechselndes Erscheinungsbild. Auch haben hier viele Namen einen vertrauten Klang: Portsmouth und Plymouth stehen für die ruhmreiche Seefahrerzeit, Dartmoor und Exmoor für die typisch englische Landschaft, und Stonehenge ist der Inbegriff des prähistorischen Heiligtums.

In fruchtbare Täler betten sich südlich von London die Grafschaften Surrey und Hampshire ein. Auf der Autobahn M 3 geht die Fahrt durch die lieblich geschwungenen Downs, den parallel zur Küste verlaufenden Höhenzug, gen Süden nach *Portsmouth*, wo Charles Dickens 1812 geboren wurde. Im Hafen liegt die »Victory«, das berühmte Flaggschiff Lord Nelsons. Einarmig, einäugig und zuversichtlich stach der legendäre Kriegsheld in See, um den Franzosen in der Schlacht von Trafalgar den Schock ihres Lebens zu versetzen – und sein eigenes zu verlieren. Von diesem historischen Paukenschlag zehren bis heute viele pensionierte Offiziere, die zu den treuesten Besuchern der geschichtsträchtigen Hafenstadt zählen. Doch keine Bange: Bei den Schiffen, die heutzutage den Pier verlassen, handelt es sich nicht um Kanonenboote, sondern um friedliche Autofähren mit Kurs auf die beschauliche *Isle of Wight*. Die 120000 Insulaner rühmen ihre überaus familienfreundliche Heimat gern als »England im Miniformat«, legen aber gleichzeitig großen Wert auf die Feststellung, daß sie nicht auf dem Mainland, dem englischen Festland, wohnen. Im Norden des Eilands ließ sich Königin Viktoria ihren Sommersitz *Osborne House* bauen, wo sie sich liebend gern

Sympathischer Exzentriker: Wenn Lord Bath in seinem Schloß Longleat House nicht gerade Billard spielt, widmet er sich anderen Dingen – dem Schreiben, der Malerei oder der Politik.

aufhielt. Heute gerät die Insel jeden Sommer mit ihrer berühmten Segelregatta in die Schlagzeilen der Sportnachrichten.

Autogeschichten. Mit der Fähre gelangt man von der Isle of Wight nach *Lymington*, dem Ausgangspunkt für Touren durch den *New Forest*, den »neuen« Wald. Dieser Name zeugt von typisch britischem Understatement. Kann man einen Wald, der knapp tausend Jahre alt ist, tatsächlich als »neu« bezeichnen? Es kommt wohl auf die Perspektive an – was den einen uralt vorkommt, zählen die geschichtsverliebten Engländer noch zur jüngeren Historie. Im New Forest, dem einstigen königlichen Jagdrevier, braucht man sich übrigens nicht zu wundern, wenn aus einem Eibenwäldchen ein Fohlen vor das Auto springt. Es ist nur eines von vielen frei herumlaufenden Pferden, die den Commoners gehören, wie die Bewohner dieses unberührten Wald- und Weidegebiets heißen. Am besten bleibt man gelassen und schaltet den Motor ab, denn vermutlich wird eine Stute hinter ihrem Kind her galoppieren und ihren Nachwuchs völlig ungerührt mitten auf der Straße säugen. Daß ein Auto ein paar Pferdestärken mehr hat, interessiert dabei nicht im geringsten…

Dafür kommen im nahen *Beaulieu* (die Engländer sprechen das französische Wort auf ihre Weise, nämlich »Bjuli« aus) die Auto-PS wieder voll zu ihrem Recht. Ja, mehr noch: Lord Montagu war nicht nur einer der ersten Adeligen, der sein Herrenhaus für zahlende Besucher öffne-

In Cornwall lebt der König-Artus-Mythos fort – selbst auf einem Wirtshaus-Schild.

Kunst in Kingston Lacy: Der von einem herrlichen Park umgebene Landsitz bei Bournemouth beherbergt eine bedeutende Gemäldesammlung.

Mitunter scheint im Süden Englands die Zeit stillzustehen – sei es im Dörfchen Castle Combe (oben), im Coleton Fishacre Garden bei Dartmouth (rechts) oder im Salon von Blenheim Palace (unten).

»Zu den paar wenigen Merkmalen des ländlichen England … gehören wohl die langen, mit Gras und Ginster bewachsenen Dünen, Täler und Weidepachten … die weite Gebiete mancher Grafschaften im Süden und Südwesten ausmachen.«

Thomas Hardy,
Die drei Fremden, 1888

te, sondern er war auch ein passionierter Autoliebhaber. Seine private Oldtimer-Sammlung wurde so groß, daß der Lord sie 1952 in ein National Motor Museum überführte. Dort glänzen seither frisch gewienerte Prachtstücke wie ein Bluebird von 1961 und ein Golden Arrow von 1919 neben altehrwürdigen Rolls-Royce-Limousinen und flotten Cadillacs.

Dem ortsunkundigen Autofahrer gegenüber eher zugeknöpft präsentiert sich *Salisbury*, das über die A 36 erreicht wird.

Im Pub »Admiral Benbow« in Penzance kann man nach der Arbeit ein gepflegtes Bier trinken.

Auf der Ringstraße um den alten Stadtkern hat sicher schon so mancher Fremde einen Drehwurm bekommen, weil er die richtige Einfahrt verpaßte. Wer es endlich in die Altstadt geschafft hat, muß den Kopf tief in den Nacken legen: Der Kirchturm der gotischen St. Mary's Cathedral ist mit 123 Metern der höchste in ganz England.

Steinkreise und Riesen. Jede Menge »good vibrations« verspricht das nahegelegene *Stonehenge*, die prähistorische Kultstätte von Weltrang. Englands populärstes, inzwischen leider eingezäuntes Wallfahrtsziel lockt jährlich eine Million Besucher an. Vor allem zur Sommersonnenwende versammeln sich hier mit Keltenkreuzen behängte New-Age-Jünger aus aller Herren Länder, um im Umkreis der Quader und Zirkel Kraft zu schöpfen und Antworten auf die großen Fragen des Lebens zu finden. Unweit von hier liegt *Woodhenge*, das hölzerne Pendant zu Stonehenge.

In Richtung Westen geht es anschließend nach *Shaftesbury*. Aberwitzig steil klettert Shaftesburys berühmte Kopfstein-straße den Hügel, den Gold Hill, hinauf. Hier findet sich all das, was man sich unter englischer Idylle vorstellt.

Sherborne, aus goldgelbem Sandstein gebaut und noch ein paar Kilometer weiter westlich gelegen, ist ein hübsches, stilles Provinzstädtchen mit einer imposanten Abteikirche, einem alten und einem neuen Schloß sowie ein paar Antiquitätenläden, in denen sich das Stöbern lohnt. Übrigens: In den nahegelegenen Hügeln bei Cerne Abbas schwingt der Cerne Giant, ein 60 Meter großer nackter Mann mit machtvoll aufgerichtetem Geschlecht, drohend seine Keule. Der Abstecher dort-

Wie eine Festung liegt der Landsitz Lanhydrock House in Cornwalls grüner Landschaft.

Ein Tor im Meer: »Durdle Door« östlich von Weymouth.

Birmingham • Coventry • Northampton • Luton

Cheltenham • **Blenheim Palace** • Oxford • Marlow • Henley • **London** • **Windsor Ascot**

Cardiff • Bristol • Bath • **Wiltshire** • ★ **Avebury** • **Hampshire** • **Surrey**

Bristol Channel

Wells • **Longleat House** ★ • ★ **Stonehenge** • **Stourhead Garden** ★ • Glastonbury • ★ **Woodhenge** • Salisbury • Southampton • **South Downs**

Exmoor National Park

Clovelly • Tiverton • **Somerset** • Sherborne • Shaftesbury • **Kingston Lacy** ★ • Lymington • Beaulieu • Portsmouth • Brighton

Devon • **New Forest**

Exeter • Lyme Regis • ★ **Cerne Giant** • Bournemouth • **Osborne House**

Tintagel • Camelford • **Dartmoor National Park** • Sidmouth • Weymouth • ★ **Lulworth Cave** • *Isle of Wight*

Bedruthan Steps ★ • Teignmouth

Newquay • Torquay

Fowey • Plymouth • Dartmouth • *C h a n n e l*

Polperro

St. Ives • **Heligan Garden** • *E n g l i s h*

Penzance • **Trebah Garden** • **St. Michael's Mount** ★

Lizard Point

0   N   100 km

Fertig zum Auslaufen: im Hafen von St. Ives.

MARK & JAMES

PENZANCE

Ruine eines Maschinenhauses aus der Zeit des Zinnbooms.

St. Mary's ist die größte Insel des Scilly-Archipels vor der Südwestspitze Cornwalls.

hin ist von ganz eigenem Reiz und der Riese von der A 352 aus auch gut zu orten. Seine mit Kreide in die Wiese gezeichneten Umrisse, vermutlich aus dem 2. Jahrhundert, heben sich ausgesprochen eindrucksvoll vom Grün der Downs ab. Wesentlich älter als die Kalkzeichnung des Riesen sind die Fossilien, die noch immer am Strand von *Lyme Regis* gefunden werden, wohin die Fahrt über Dorchester und Bridport nun führt. Zu Beginn des 19. Jahrhunderts legte man hier Skelettversteinerungen eines fast zweihundert Millionen Jahre alten Ichtyo-

saurus frei. In Lyme Regis siedelte Jane Austen 1818 ihren Roman »Persuasion« an. Und an der Hafenmole Cobb fiel eine blasse Meryl Streep als »Geliebte des französischen Leutnants« ihrem glutäugigen Filmpartner Jeremy Irons in die Arme.

Urenglisch: das Moor. Nach so vielen Kilometern im Auto tut es ausgesprochen gut, die Nase einmal einen ganzen Nachmittag lang in die Sonne zu strecken. Im rot-weiß gestreiften Klappliegestuhl auf der Promenade des Badeorts *Sidmouth* geht das wunderbar. Man kann das Meer

Stilvoll geht es bei der Fuchsjagd in Tiverton zu.

Am Hafen von Lyme Regis, dem Eldorado für Fossilien-sammler (unten). – Englische Gartenkunst pur: Stourhead Garden in der Grafschaft Wiltshire (darunter).

betrachten, dösen, Zeitung lesen und sich bei den Nachbarn erkundigen, wo es den besten Tee zu kaufen gibt. Mit seinen bunt bemalten Regency-Häusern ist Sidmouth einer der reizvollsten Badeorte der Südküste. Hier geht es viel eleganter und feiner zu als an der sehr umtriebigen »englischen Riviera« südlich von Devons Hauptstadt Exeter.

Exeter verfügt nicht nur über eine Universität und eine bemerkenswerte Kathedrale mit einem phantastischen Fächerge-

wölbe, sondern hat auch nette Läden und Kunstgalerien. Seefahrtbegeisterte kommen am Maritime Museum sicher nicht vorbei. Hier ist so ziemlich alles, was die Welt an Boots- und Schiffsvarianten hervorgebracht hat, versammelt. In Exeter atmet selbst die Unterwelt Geschichte: Auch das alte unterirdische Kanalnetz steht zur Besichtigung frei.

Wer sich von Exeter aus Richtung Süden bewegt, sollte unbedingt den Weg durch den *Dartmoor National Park* wählen.

Rätselhafte Umrisse im Nebel, knorrige Eichen, Ruinen, mächtige Steine auf kahlen Buckeln, jämmerlich blökende Schafe, entlaufene Schwerverbrecher und ein höchst heimtückisches Moor – solcherart sind die Vorstellungen, die so mancher vom Dartmoor hat. Zu verdanken sind sie Sir Arthur Conan Doyle (1859–1930) und seinem Kriminalroman »Der Hund von Baskerville«.

Das Dartmoor hat in der Tat seine eigene, düster-melancholische Anziehungskraft. Auch stimmt es, daß sich das Wetter schlagartig ändern kann, daß Nebel aufziehen können und

Fast kreisrund hat sich die Bucht Lulworth Cove an der Küste südlich von Dorchester ausgeformt (oben). – Rätselhaftes aus grauer Vorzeit: Stonehenge (großes Bild).

Die »Victory«, das Flaggschiff Lord Nelsons (oben). Paignton ist ein Paradies für Sonnenhungrige (unten).

daß man am besten immer mit Kompaß und Karte unterwegs sein sollte. Und doch: In dieser menschenleeren urenglischen Landschaft läßt es sich wunderbar wandern, man kann unzählige prähistorische Steinmonumente entdecken, und wenn sich im Frühling die ginsterbewachsenen Hänge mit gelben Blüten überziehen, ist es einfach traumhaft schön hier.

Wohl- und andere Gerüche. In *Plymouth*, dem nächsten Ziel, sonnen sich die nostalgischen Engländer noch mehr als anderswo im Glanz ihrer Seefahrervergangenheit. Stolz kolportieren sie, wie Sir Francis Drake (1540–1596) auf der berühmten Hafenpromenade Hoe seelenruhig seine Bowlingpartie zu Ende spielte, als der Horizont schon mit den Segeln der spanischen Armada gespickt war. Wer nicht weiß, für wen die Sache gut ausging, hat in der Schule nicht aufgepaßt. Zum Glück erteilt das Museum Plymouth Dome Nachhilfeunterricht. Dort wird den Besuchern die englische Geschichte multimedial nahegebracht, ja buchstäblich unter die Nase gerieben – mit künstlichen Duftnoten, welche die Ausdünstungen einer Epoche simulieren, in der es weder Abwässerkanäle noch Deodorants gab. Sehr zimperlich darf man da nicht sein...

Besser ist die Luft in *Cornwall*, dem wunderschönen und wilden Westen Südenglands. Die Strecke führt zu romantischen kleinen Ansiedlungen, vorbei an lieblich geschwungenen Buchten und Flußmündungen, die fast fjordartig ins Land geschnitten sind und geschützte Naturhäfen bilden. Hohe Hecken säumen die Landstraßen, und im Sommer pustet der Wind jede Menge Blütenstaub durchs geöffnete Autofenster. Eine frische Brise weht auch in all den hübschen Fischerorten, die sich der Küstenstraße entlang aneinanderreihen: Polperro, Fowey, Falmouth, Lizard Point und Land's End. In Fowey und Falmouth muß man auf Fähren umsteigen, um seinen Weg fortzusetzen. Unterwegs laden die verschwiegenen Gärten von *Heligan* oder *Trebah* zu weiteren – äußerst wohlriechenden – Stopps ein: ein besonderes Fest fürs Auge.

Cornische Eigenarten. Große Teile der cornischen Küste sind im Besitz des National Trust, der mit Argusaugen darüber wacht, daß die Landschaft nicht verunstaltet wird. Ein anderer Großgrundbesitzer der Region ist Prinz Charles, der Duke of Cornwall, der hier ganze Dörfer sein eigen nennt. Auch er engagiert sich sehr für den Denkmal- und Naturschutz. Corn-

Fortsetzung Seite 60

55

– König Artus –

Der märchen-hafte König

Eng verflochten mit der Artus-Sage sind die als heilige Stätte angesehenen Golitha Falls (oben), die Reste der größten Abtei Englands, Glastonbury Abbey (unten), wo die Grabstätte King Arthur's Grave zu finden ist…

*N*iemand weiß, wie er aussah, wer er wirklich war, ja, ob es ihn überhaupt gegeben hat – jenen legendären edlen Heerführer der Britannier, der um 516 die sächsischen Invasoren geschlagen haben

…und die Burg von Tintagel, die als Artus' Geburtsort vermarktet wird (großes Bild und rechte Seite unten). – In Tintagel ziert der legendäre Keltenkönig auch das Schild eines Pubs (rundes Bild).

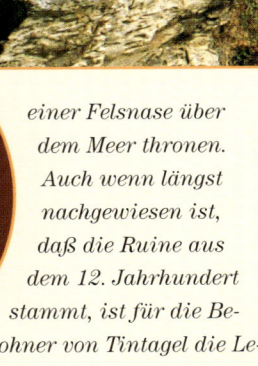

soll. Als »Artorius« tauchte er in alten Überlieferungen erstmals auf, um Jahrhunderte später als König Artus zur mythologischen Kultfigur zu avancieren, welche die Phantasie Tausender Geschichtenerzähler beflügelte. King Arthur, wie ihn die Briten nennen, gilt uns heute als eine Art Ur-Ritter. Christianisiert und gleichzeitig in die Mysterien der keltischen »Anderwelt« eingeweiht, war er der Hüter des heiligen Grals. Der Kelch Christi, das Symbol der Christenheit schlechthin, verlieh ihm übernatürliche Kräfte. An seinem Hof Camelot fanden sich die Ritter der Tafelrunde ein, Helden, deren Waffen gleich neunmal verwundeten, die alle Sprachen beherrschten und sich unsichtbar machen konnten.
In Cornwall glauben die Menschen unerschütterlich daran, daß King Arthur einer der ihren war. In Tintagel soll er zur Welt gekommen sein, in einer Burg, deren Grundmauern höchst eindrucksvoll auf

einer Felsnase über dem Meer thronen. Auch wenn längst nachgewiesen ist, daß die Ruine aus dem 12. Jahrhundert stammt, ist für die Bewohner von Tintagel die Legende zu schön, um nicht wahr zu sein. Und auch zu einträglich: Der ganze Ort lebt vom Rummel um den Keltenkönig. Daß sich Camelot, der Arthursche Königshof, im nahen Camelford befand, wird in der Gegend ebensowenig bezweifelt. Und an der etwas weiter südlich gelegenen Slaughterbridge hat, auch das keine Frage, der Keltenkönig seine letzte Schlacht geschlagen.
Man läßt also am besten einfach außer acht, daß auch Waliser, Schotten und Bretonen den Märchenkönig für sich reklamieren – und daß natürlich auch sie ihre Artus-Schauplätze vorweisen können. Schön und traurig bleibt die Geschichte des edlen Herrschers so oder so: Ausgerechnet gegen seinen Neffen Mordred mußte er kämpfen, weil der ihn um Gattin und Reich betrogen hatte. Schwerverletzt ging

Der heilige Gral, der den Rittern der Tafelrunde in dieser französischen Buchmalerei aus dem 15. Jahrhundert erscheint (links), soll in der Nähe des Hügels Glastonbury Tor vergraben sein (oben).

Artus aus diesem letzten Streit hervor, worauf ihn nächtens drei Frauen mit einer Barke zur Insel Avalon ruderten, um ihm dort Heilung zuteil werden zu lassen. Der

getreue Merlin indes versenkte die Kronjuwelen voll Trauer in einem geheimen Gewässer, und der Tafelritter Bedivere nahm sich des nunmehr herrenlosen Zauberschwerts Excalibur an. Er wollte es in einen See werfen, doch erhob sich eine mächtige Hand und ergriff die Waffe, um sie für den unsterblichen König aufzubewahren. Artus ist nicht tot – er ruht nur bis zum heutigen Tag. Und irgendwann wird er, strahlender denn je, aus Avalon

zurückkehren, um die Ungerechten dieser Welt zu strafen, die Streitenden zu versöhnen und seine Anhänger für ihre Treue und ihre Standhaftigkeit zu belohnen. Dieser offene Ausgang der Geschichte zeigt, daß die Artus-Sage in der Tat weit mehr ist als eine keltische Mantel-und-Degen-Klamotte. Ihre Helden – Parzival, Lanzelot oder der kühne Gawan – sind längst Teil des erzählerischen Schatzes der Menschen in aller Welt geworden. Schließlich verkörpern sie etwas durch und durch Universelles: die immerwährende Hoffnung auf den Sieg des Guten. Man mag dies für einen frommen Wunsch halten, doch daraus erwächst letztendlich die höhere Wirklichkeit eines jeden Märchens.

HELDEN ÜBERALL

Nicht nur für König Artus, dessen – vermeintliche – Grabstätte zahlreiche Besucher anzieht, hat man auf den Britischen Inseln eine Schwäche, sondern für Helden generell. Das gilt vor allem für die vormals keltischen Regionen. In strahlendem Licht erscheinen Heroen wie Owain Glyndwr, der letzte tatsächlich in Wales beheimatete »Prince of Wales«. Alle Waliser standen hinter ihm, als er sich im 15. Jahrhundert gegen den englischen König Heinrich IV. auflehnte. Dennoch mußte er sich letztlich geschlagen geben. Kaum weniger überhöht wird in Schottland Bonnie Prince Charlie, dem Reisende auf Schritt und Tritt begegnen. Sein Befreiungskampf endete 1746 in der berühmten Schlacht von Culloden Moor ebenfalls tragisch.

»Very british«: mit einem Morris Minor im Dartmoor unterwegs.

An cornischen Küsten: Hummerfischer in Padstow (oben), Fährboot auf den Scilly Islands (Mitte), Schüler am Strand von Penzance (unten).

wall ist äußerst geschichtsträchtiges Terrain: Viele Ortsnamen beginnen mit den Vorsilben Pol-, Tre-, Pen- oder Bos- und verweisen damit auf das reiche keltische Erbe dieser Region. Auch an jahrtausendealten Steinkreisen und Dolmen herrscht kein Mangel. Historische Zeugnisse viel jüngeren Datums sind die Fördertürme und Schornsteine, die vor allem in Cornwalls äußerstem Südwestzipfel auftauchen. Es sind Relikte aus der Zeit der industriellen Revolution, als hier Kupfer und Zinn abgebaut wurden.

Und noch etwas florierte in Cornwall besonders gut: der Schmuggel. Die tiefen Buchten und Klippen boten ideale Verstecke für heiße Ware. Überall an der 600 Kilometer langen cornischen Küste lassen sich verborgene Höhlen finden, und man bekommt immer wieder stolz gezeigt, an welchen Stränden die illegale Beute an Land gebracht wurde. In *Polperro* hat man sogar ein Schmuggelmuseum eingerichtet. Auf dem Weg nach Land's End taucht plötzlich bei Penzance einer Fata Morgana gleich die Burganlage von *St. Michael's Mount* aus dem Meer auf. Bei Ebbe kann man sie zu Fuß erreichen, ansonsten setzen Boote zu der kleinen Gezeiteninsel über.

Künstler und Könige. Die cornische Atlantikküste wirkt rauher als die sanfte Südküste. Ihr kultureller Höhepunkt ist der Fischer- und Künstlerort *St. Ives*; bemerkenswert ist nicht nur die Tatsache, daß hier die Schriftstellerin Rosamunde Pilcher geboren wurde, die in der fast schon kitschig zu nennenden grünen Umgebung und den steingrauen Herrenhäusern die idealen Kulissen für ihre Herz-Schmerz-Geschichten findet, sondern vor allem die Tate Gallery St. Ives. Die luftige Kunstgalerie liegt direkt am Strand, das

Kliff im Rücken und das Gesicht zum Meer – ein perfekter Ausstellungsort für die Bilder cornischer Künstler. Das klare Licht und die Schönheit der Landschaft inspirieren schon seit Anfang des letzten Jahrhunderts Maler und Bildhauer, die sich bis

WO DAS LAND ENDET

Die felsige Küste von Land's End, dem westlichsten Punkt des Vereinigten Königreichs mit ihrem dramatisch umtosten Kap zählt zu den schönsten Fleckchen Großbritanniens. Von den Klippen herunter hat man einen wunderbaren Ausblick auf die vorgelagerten Steinformationen, und bei gutem Wetter reicht die Sicht sogar bis zu den Scilly-Inseln, die 40 Kilometer weit draußen im Meer liegen. Leider wird die grandiose Naturszenerie durch einen auf den Felsen gebauten Erlebnispark ziemlich beeinträchtigt. Der mit dem Park verbundene Rummel läßt sich umgehen, wenn man zu Fuß über den Uferweg von Sennen Cove geht.

heute gern hier niederlassen und in unzähligen Galerien ihre Werke verkaufen. Elf Kilometer lange Sandstrände, unterbrochen von bizzar geformten Felsen, haben die Gegend um *Newquay* zu einer Tourismushochburg werden lassen. Die Umgebung ist wirklich phantastisch, der Badeort selbst dagegen eher überlaufen als schön. Ähnliches gilt für *Tintagel*, wo es vor dem Rummel um den Keltenkönig Artus kein Entrinnen gibt. In den Buch- und Souvenirläden werden die absonderlichsten Geschichten und Artus-Reliquien feilgeboten. Man meint, dies alles mit einem gewissen Recht tun zu dürfen, immerhin soll Artus dem Mythos nach ja in der Burg von Tintagel zur Welt gekommen sein. Die Ruine aus dem 12. Jahrhundert thront auf jeden Fall meeres- und touristenumtost durchaus sehenswert auf

Zum Bowls-Spiel tritt man weiß gekleidet und solide beschuht an. Diese Ladies gehören dem Bowls-Club in Torquay an (oben). – Die Felsformationen »Bedruthan Steps« nördlich von Newquay (links). Wirkungsvoll in Szene setzt sich der Hafen von St. Ives (großes Bild).

Nicht nur an der Promenade von Sidmouth hängen die Geschäfte der Liegestuhlvermieter sehr davon ab, wie das Wetter ist (oben). – Nur noch Nostalgie: alte Telefonzelle im Dartmoor (unten).

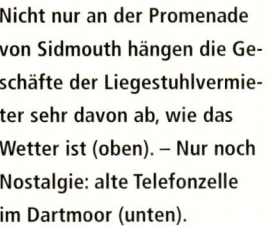

Bei der Honorary Degree Procession in Oxford (rechts). Beste englische Autotradition: ein Morgan vor dem Pub »Victoria« in Eastleach, Gloucestershire (unten).

Queen Mum beim Pferderennen in Epsom (Mitte). – Seit mehr als 900 Jahren ist Windsor Castle, eines der größten Schlösser der Welt, das Zuhause der königlichen Familie (unten). – Oxforder Universitätsleben: In der Bibliothek des Lincoln College läßt es sich konzentriert arbeiten (großes Bild).

einem Felsvorsprung. Ein gutes Stück weiter nördlich klebt der Fischerort *Clovelly* wie eine Bienenwabe in den Klippen. Das ausgesprochen hübsche Dorf ist nur zu Fuß zu erreichen. Seinen größten Charme entfaltet es am Abend, wenn ihm die meisten Touristen den Rücken gekehrt haben und in den schmalen kopfsteingepflasterten Gassen wieder Ruhe einkehrt.

Idyllisch, freundlich und heiter präsentiert sich der *Exmoor National Park*, Englands kleinster Nationalpark. Kristallklare Bäche plätschern in verschwiegenen Tälern, und auf den Wiesen der Hochebenen grasen Rehe, wilde Ziegen und Ponys. Die bewaldeten Küstenstreifen sind von spektakulärer Schönheit: Steil stürzen die Hügel ins Meer.

Heilende Thermalquellen. Auf der A 39 rollen wir Richtung Osten nach *Glastonbury*. Schon von weitem ragt der riesige Hügel Glastonbury Tor aus der Ebene von

Somerset. Ihn krönt der St. Michael's Tower aus dem 15. Jahrhundert. Angeblich liegt hier irgendwo der heilige Gral, den König Artus hütete, vergraben.

Jetzt ist es nur noch ein Katzensprung bis nach *Wells*, der kleinsten Stadt Englands, deren wunderbare Kathedrale mitten auf einer grünen Wiese steht. Weiter geht es nach *Bath*. Ein königliches Zipperlein machte den georgianischen Kurort im 18. Jahrhundert zur ersten Sommerfrische Englands. Königin Anne begab sich nach Bath, um sich zu kurieren, und bald nach dem Besuch der Monarchin strömten Adel und High-Society in die immer prächtiger werdende Stadt, deren heiße Thermalquellen schon die alten Römer zu schätzen wußten. Bath, für viele die schönste Stadt des Landes, wurde 1988 von der UNESCO zum Weltkulturerbe erklärt.

In den höheren Kreisen. Und dann endlich: *Oxford* und seine Universität, wo die Traditionen so fest wie Kletten sitzen. In den berühmten Colleges wird der unverkennbar näselnde Tonfall geübt, mit dem man es weit bringen kann in England. Wer hier studiert, hat ausgesorgt – das ist noch immer so.

Im Tal der Themse geht es über Marlow, Henley und Windsor zurück nach London. Auf dem Weg gibt der breite Fluß den Ton an. Berühmt sind die Ruderregatten von *Henley*. Die Zuschauer verfolgen das Treiben auf der Themse inzwischen fast ebenso elegant gekleidet wie die Pferderennen im nahen Ascot – und auch ebenso auffällig behütet. Aber was wäre in England auch ein wirklich wichtiges gesellschaftliches Ereignis ohne den richtigen Kopfputz?

Der Rundbau Radcliff Camera in Oxford dient der Bodleian Library als Lesesaal. Die Bücher füllen mehr als hundert Regalkilometer (oben).

Gut betucht: beim Pferderennen in Epsom (oben). – Direkt an der Themse liegt der »Angel Pub« in Henley (unten).

Planen und erleben...

In Grün gebettet: Cottage im Exmoor-Dörfchen Selworthy.

ENTFERNUNGEN		
↓ km		↑
	London	1325
	120 km	
120	**Portsmouth**	1205
	80 km	
200	**Salisburg**	1125
	142 km	
342	**Lyme Regis**	983
	52 km	
394	**Exeter**	931
	152 km	
546	**Plymouth**	779
	184 km	
730	**Land's End**	595
	144 km	
874	**Tintagel**	451
	210 km	
1084	**Glastonbury**	241
	43 km	
1127	**Bath**	198
	96 km	
1223	**Oxford**	102
	102 km	
1325	**London**	km

Die Highlights

PORTSMOUTH

Am Historic Dockyard lockt Lord Nelsons Flaggschiff »Victory« viele Besucher an. Im D-Day Museum in der Clarence Esplanade kann man sich ein Bild davon machen, wie die Alliierten von hier aus ihre Landung in der Normandie vorbereiteten und damit das Ende des Zweiten Weltkriegs einläuteten. In der Altstadt steht das Geburtshaus von Charles Dickens zur Besichtigung offen.

Vor der Abbey Church in Bath.

Viereinhalb Millionen Bücher birgt die Bodleian Library in Oxford.

SALISBURY

Die Hauptstadt der Grafschaft Wiltshire wurde im Jahr 1220 als New Sarum gegründet. In der schachbrettartig angelegten Altstadt stehen schöne alte Fachwerkhäuser. Die großzügige Domfreiheit stellt die Verbindung zur Kathedrale St. Mary's aus dem 13. Jahrhundert her. Die gotische Kirche mit dem höchsten Turm Englands liegt idyllisch am Ufer des Avon.

STONEHENGE

Zehn Kilometer nördlich von Salisbury werfen die (inzwischen eingezäunten) prähistorischen Steinkreise ihre geheimnisvollen Schatten. Zahlreiche Mythen und Legenden ranken sich um die tonnenschweren Monolithen, die vor 3000 bis 4000 Jahren aus Wales hierhergebracht und zu einem bis heute unentschlüsselten Heiligtum zusammengestellt wurden. Wer Zeit hat, sollte einen Abstecher zu den nördlich gelegenen Steinzirkeln von Avebury unternehmen, die größer und weniger überlaufen sind.

EXETER

Devons Hauptstadt wurde im Zweiten Weltkrieg zwar von deutschen Bomben arg in Mitleidenschaft gezogen, doch glücklicherweise blieben die Kathedrale und das angren-

zende mittelalterliche Viertel verschont. Die gotische Kathedrale besitzt ein herausragendes Fächergewölbe und eine prachtvolle Rosette an der reich dekorierten Westfassade. Der Bischofsthron stammt aus dem 14. Jahrhundert. Die Guildhall aus dem Jahr 1492 gilt als das älteste Zunft- und Rathaus Englands. Sehr malerisch ist das von Fachwerkhäusern gesäumte Gäßchen Stepcote Hill.

PLYMOUTH

Die Hafenstadt war Englands Tor zur Welt: Von hier aus brachen Sir Francis Drake und der Weltumsegler James Cook zu ihren maritimen Heldentaten auf. Im alten Hafenviertel Barbican, das heute zum Flanieren einlädt, verbrachten die Pilgerväter des 17. Jahrhunderts ihre letzte Nacht in der Alten Welt, bevor sich ihre Schiffe Richtung Amerika in Bewegung setzten.

Imposant: die Kathedrale von Wells.

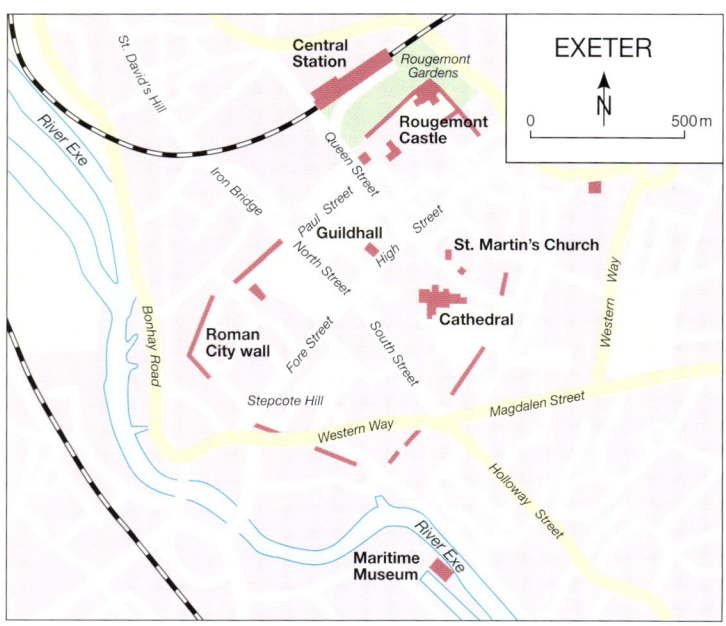

EXETER

0   500m

N

Central Station
Rougemont Gardens
Rougemont Castle
St. David's Hill
River Exe
Iron Bridge
Queen Street
Paul Street
North Street
Guildhall
High Street
St. Martin's Church
Roman City wall
Fore Street
South Street
Cathedral
Western Way
Bonhay Road
Stepcote Hill
Magdalen Street
Western Way
Holloway Street
River Exe
Maritime Museum

Ein Paradies für wetterfeste Wanderfreunde: das Dartmoor.

ST. IVES

Einst ein wichtiger Hafen der Sardinenfischer, ist St. Ives heute das cornische Künstlermekka. 1993 eröffnete die Londoner Tate Gallery hier eine malerisch

St. Ives: ein Pub direkt am Meer.

gelegene Dependance am Strand von Porthmeor. Hier werden vor allem Künstler ausgestellt, die sich von der cornischen Umgebung inspirieren ließen. Zur Tate Gallery gehört auch das ehemalige Studio der Bildhauerin Barbara Hepworth, deren organisch geformte Skulpturen die Bewegungen des Meeres aufzunehmen scheinen. Im Pub »Sloop Inn« am Hafen kommen Besucher zwanglos mit ortsansässigen Fischern und Künstlern in Kontakt.

BATH

Südenglands reizvollste und eleganteste Stadt wurde von den Römern gegründet, die hier ein Thermalbad und einen Tempel zu Ehren der Göttin Minerva errichteten. Im 18. Jahrhundert avancierte die sandsteinfarbene Kleinstadt zum ersten Kurbad Englands. Die Häuser, die oft zu halbkreisförmigen Crescents zu-

sammenstehen, wurden in der Regierungszeit von Georg I. bis Georg III. gebaut. Besonders gelungen sind die Ensembles von The Circus und das Royal Crescent. Bath besitzt Kunst- und Fotogalerien und ein Kostümmuseum. Vor allem während des Kunstfestivals im Juni strahlt die Stadt am Avon eine heitere, kosmopolitische Atmosphäre aus.

OXFORD

Der historische Kern der traditionsreichen Universitätsstadt ist aus dem honigfarbenen Stein der umliegenden Cotswold Hills gebaut. Das Ashmolean Museum, das älteste Museum des Landes, birgt wertvolle Gemälde von Rembrandt und Michelangelo sowie das goldene »Alfred Jewel« aus dem 9. Jahrhundert. In der Bodleian Library ist eine der besten Bibliotheken der Welt untergebracht. Lohnenswert ist auch ein Abstecher zum nordwestlich der Stadt gelegenen Blenheim Palace, wo Winston Churchill geboren wurde.

Tips für unterwegs

Autofahrer sollten sich darauf einstellen, auf den schmalen Landstraßen von Devon und Cornwall nur langsam voranzukommen. Immer wieder versperren hohe Hecken die Sicht, so daß man gar keine andere Möglichkeit hat, als vorsichtig zu fahren. Auch im New Forest ist die Vorfahrt klar geregelt:

Pferde haben hier die älteren Rechte, die sie oft auch weidlich ausnutzen. Das Fortkommen kann hier also noch ein bißchen mehr Zeit in Anspruch nehmen.

An der »englischen Riviera« südlich von Exeter liegt das hübsche Küstenstädtchen Teignmouth.

SOUVENIRS

Gutes cornisches Kunsthandwerk findet man unter anderem im Trelissick Garden nördlich von Falmouth. Freunde von Fossilien werden in den Geschäften von Lyme Regis fündig. Wer gern in Kunstgalerien stöbert, kann vor allem in St. Ives viel Zeit verbringen. Antiquitätenliebhaber treffen sich in Bath, wo es nicht nur viele Geschäfte, sondern auch allwöchentlich einen Antiquitätenmarkt gibt.

Lanhydrock in Cornwall.

Weithin sichtbar sind die Kalk-Konturen des Cerne Giant bei Sherborne.

DIE MONOLITHEN VON AVEBURY

Inmitten einer grünen Hügellandschaft, etwa 40 Kilometer nördlich von Salisbury, liegt Avebury, Europas größte neolithische Fundstätte. Die prähistorische Anlage ist wesentlich weitläufiger, besser zugänglich und nicht so überlaufen wie Stonehenge. Zu der Anlage aus der Jungsteinzeit gehören Steinkreise, Gräber und künstlich aufgeschüttete Hügel. Die einzelnen Fundorte liegen einige Kilometer weit auseinander und sind zum Teil durch einen mit Steinsetzungen markierten Fußweg verbunden. Die meisten, so nimmt man an, entstanden in der Zeit um 2500 bis 2000 v. Chr. Von dem äußeren Steinkreis, der einst eine Fläche von etwa einem Quadratkilometer umspannte, ist nur noch die Hälfte erhalten. Weiter südlich ragt der pyramidenförmige Silbury Hill in die Höhe, ein von Menschenhand aufgeschütteter rätselhafter Hügel. Noch älteren Datums ist die Grabanlage Kennet Long Barrow, die vermutlich um 3700 v. Chr. errichtet wurde. Im Zentrum der über Wiesen und Hügel verteilten Kultstätte liegt das winzige Dorf Avebury. Im Besucherzentrum kann man sich mit Literatur und Plänen des weitläufigen Geländes versorgen.

Seit über siebenhundert Jahren bestimmt Caernarfon Castle das Stadtbild von Caernarfon. Hier wurde Prinz Charles in sein Amt als Prince of Wales eingesetzt.

Von Birmingham
durch Wales

ROUTE *3*

Der Landstrich an der Westküste, der seine nationale Eigenständigkeit ebenso beherzt wie hartnäckig hochhält, begeistert durch die sich immer wieder wandelnden Landschaftsbilder und die unzähligen Zeugnisse einer wechselvollen Geschichte.

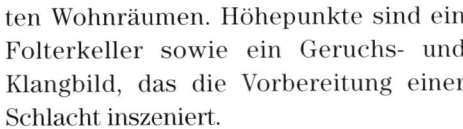

Im Land des roten Drachen

Durch die Heimat von William Shakespeare geht die Reise in eines der alten keltischen Gebiete Großbritanniens. Wales zeigt sich so, wie es seine Nationalhymne besingt – als »das alte Land der Väter, vom Meere umspült«. Das reiche kulturelle Erbe erfüllt seine Bewohner mit Stolz und unterstreicht das Selbstbewußtsein wie auch den natürlichen Charme dieser aufstrebenden europäischen Region.

Ach ja, *Birmingham*. Wieviel Schelte hat diese zweitgrößte englische Stadt nicht schon einstecken müssen: für ihre proletarische Ausstrahlung, für ihre verworrenen Ringstraßen, für ihre verfehlte Bauplanung überhaupt. Dabei sei ihr schon deshalb ein gewisser Respekt gezollt, weil die industrielle Revolution einst hier ihren Anfang nahm: Immerhin hat die Welt dieser Stadt die Gasbeleuchtung und die Dampfmaschine zu verdanken. Nein, Birmingham ist nicht halb so schlecht, wie man es so gern macht. Das beweisen nicht nur das städtische Symphonieorchester und das Birmingham Royal Ballet. Auch das City Museum nebst Art Gallery mit seiner bedeutsamen Sammlung präraffaelitischer Malerei aus dem 19. Jahrhundert kann sich sehen lassen.

Das »kleinste Haus in Großbritannien« im nordwalisischen Küstenstädtchen Conwy kann man gegen ein kleines Entgelt besichtigen.

Publikumsmagnet Shakespeare-Stadt. Ein Katzensprung ist es nach *Warwick*. Diese anheimelnde Kleinstadt wirkt wie eine einzige, hübsch arrangierte Dekoration für *Warwick Castle*, die zu den größten mittelalterlichen Burgen der Britischen Inseln gehört. Sie zeigt die gesamte Bandbreite des einstigen adeligen Alltags – von düsteren Gefängniszellen in unterirdischen Gewölben bis hin zum nachgestellten Festbankett in original möblier-

ten Wohnräumen. Höhepunkte sind ein Folterkeller sowie ein Geruchs- und Klangbild, das die Vorbereitung einer Schlacht inszeniert.

Noch mehr Zeit braucht es aber sicher am nächsten Zwischenstopp, dem nur 10 Kilometer südwestlich gelegenen *Stratford-upon-Avon*. Selbst dem ärgsten Banausen dürfte es bei diesem Namen in den Ohren klingeln. Die fesch herausgeputzte 22 000-Seelengemeinde steht ganz im Zeichen von William Shakespeare Superstar. »Der größte Dramatiker aller Zeiten«, wie es am Ort unter kühner Vorwegnahme jedweder Zukunft heißt, wurde 1564 in Stratford geboren, wo er 1616 auch starb. Dieser Tatsache ist ein gigantischer Rummel zu verdanken, der Stratford zur meistbesuchten britischen Stadt nach London gemacht hat. Unterwegs auf insularen Traumstraßen tut der Reisende gut daran, sich aufs Wesentliche zu konzentrieren. Zum kleinen Shakespeare-Programm gehören jedenfalls der Besuch seines Grabes in der Holy Trinity Church und, wenn irgend möglich, einer Aufführung der Royal Shakespeare Company.

Auf nach Wales. An karawanenartig hereinziehenden Touristenbussen vorbei geht die Fahrt nun auf der A 439 und der A 435 an rollenden Hügeln und sattgrünen Weiden entlang. Immer wieder blitzen strahlend weiße Herrenhäuser auf und erinnern daran, daß diese Gegend, die Cotswolds, neben ihrer harmonischen Ausstrahlung auch wegen ihre Architekturdenkmäler berühmt ist. Wie sehr sie

*Heute nur noch
Dekoration: die
berühmten roten
Telefonzellen.*

Wie riesige Flaschen ragen die alten rußgeschwärzten Brennöfen der Museumstöpferei in Stoke-on-Trent in den Himmel.

»Die Mannigfaltigkeit der Gegend ist außerordentlich; zuweilen ist man von einem wahren Getümmel von Bergen aller Formen umringt, dann glaubt man sich, das Land weit überblickend, fast wieder in der Ebene.«

Hermann Fürst Pückler,
Briefe eines Verstorbenen, 1828

Im Dienst der walisischen Schmalspurbahnen: Zugbegleiter der Talyllyn Railway, die zwischen Tywyn und Nant Gwernol verkehrt (oben). Nach und nach erobert sich die Natur die einstigen Kohlereviere in Südwales zurück (unten).

deshalb von den Briten geschätzt wird, zeigt der Kurort *Cheltenham*. Am nordwestlichen Rand der Cotswolds gelegen, stellt er eine Art Hauptquartier dar, und ein Gang entlang der vornehmen Promenade vermittelt dem Flaneur noch immer eine Ahnung von der alten Bäderherrlichkeit des 19. Jahrhunderts.

Die weitere Streckenführung erfordert ein wenig detektivischen Spürsinn: Zunächst müssen die Autobahn nach Westen und die A 48 bis kurz hinter Westbury befahren werden, um dann Richtung Monmouth abzubiegen. Fast unmerklich hat man so die walisische Grenze pas-

Seit 1897 führt die Snowdon Mountain Railway an den Nordwesthängen des Snowdon zum Gipfel hinauf.

siert. Die ehemalige Feste *Monmouth* selbst unterstreicht freilich mit ihrer strategisch bedeutsamen Lage an drei Flüssen, daß diese Markscheide vor Jahrhunderten eifersüchtig verteidigt wurde. Gleichwohl war Wales das erste keltische Gebiet, das Englands Eroberungsgelüsten zum Opfer fiel. Um so intensiver sind noch heute seine Bestrebungen, nationale Eigenständigkeit zu demonstrieren. Cymraeg etwa, die walisische Sprache, wird im Alltag wieder von eineinhalb Millionen Menschen aktiv gepflegt. Die zweisprachigen Straßenschilder sind also keineswegs nur Dekoration. Daß Wales auch wirtschaftlich zur Stärkung des britischen Empire beigetragen hat, wird auf der weiteren Fahrt augenfällig. Newport zum Beispiel atmet noch immer den Gluthauch der Stahlproduktion, und nach Norden zweigen wiederholt Straßen in die »Vaalees« ab, in jene langgestreckten, weitläufig unterhöhlten Täler, wo in Knochenarbeit Steinkohle gefördert wurde.

Von Rabauken und Gentlemen. Einer der bedeutendsten Verladehäfen für die Steinkohle war *Cardiff*, die walisische Hauptstadt. Doch es wäre völlig verfehlt, sich ihr nur über ihre Industriegeschichte nähern zu wollen. Cardiff trägt nämlich ausgesprochen urbane Züge, wie das vor Bürgerstolz strotzende Civic Centre rund um das Rathaus eindrucksvoll beweist. Zu dem Komplex gehört auch das National Museum of Wales. Hier sind in einem transparenten Tresor – der von Nationalisten regelmäßig beschmiert wird – die Insignien von Prinz Charles ausgestellt. Touristischer Mittelpunkt der Stadt ist

Erinnert an einen griechischen Tempel: die 1834 erbaute Town Hall im Zentrum von Birmingham.

Charmantes Städtchen: Brecon.

Blackpool

Great Orms Head

Bangor · Conwy · Liverpool · Chester · Nantwich

Caernarfon · Llanberis

Snowdon 1085 m · Pontcysyllte Aqueduct · Stoke-on-Trent · Derby

Dee · Llangollen · Canal

Snowdonia National Park · Llangollen Canal

Dolgellau · Shrewsbury · Telford

Cardigan Bay

Tywyn · Severn · Birmingham

Aberystwyth · Warwick · Stratford upon Avon

New Quay · ENGLAND · Chipping Campden

Pentre Ifan · WALES · Broadway

Pembrokeshire Coast National Park · Cardigan · Brecon · Black Mountains

Fishguard · Brecon Beacons National Park · Gloucester

St. David's · Monmouth · Cheltenham

Hendy · Hirwaun · The Cotswolds

Swansea · Pontypridd · Gower · Rhondda

Cardiff · Bristol Channel · Bristol

0 N 100 km

Wer die Brücke über den Fluß
Mwaddach bei Dolgellau benutzen will, muß zahlen.

ERECTED BY
PVBLIC SVBSCRIPTION &
COMPLETED AD 1899
H. STOLTERFOTH, MD MAYOR

18 97

SHAKESPEARE – WER WAR DAS?

Der Dichterkönig aus Stratford-upon-
Avon wird weltweit verehrt, und die
Stadt verdient gut an ihrem berühmten
Sohn. Jener Riege von Zweiflern, die sich
formiert hat, um Shakespeare nach dem
Image zu trachten, begegnet man da
natürlich mit Skepsis. Seit langem befaßt
sich eine ganze Schule von Wissenschaft-
lern mit nichts anderem als dem Versuch,
zu beweisen, daß Shakespeare seine Stük-
ke gar nicht selbst verfaßt haben kann.
Sein Bildungshintergrund habe einfach
nicht ausgereicht. Auch fragt man, warum Shakespeare keine Bibliothek hin-
terlassen hat. Und tatsächlich gibt es zu
einigen Puzzleteilen aus Shakespeares Leben kein passendes Anschlußstück. Nicht
ein Theaterstück hat die Zeiten in Manu-
skriptform überdauert, woraus mancher
Forscher kühn schlußfolgert, Shakespeare
sei nur ein Pseudonym gewesen.

Uhr mit Stil: Die Bürger von
Chester können am Tor East-
gate jederzeit prüfen, ob die
Mittagspause schon vorbei
ist (oben). – Wer etwas über
den Fischfang lernen will, ist
im Fishing Museum von
Cenarth genau richtig (unten).
Hier werden zum Beispiel Cor-
acles gezeigt, ovale Korbboo-
te, die man auf dem Rücken
tragen kann.

71

Vielbesucht: Anne Hathaway's Cottage (oben) und Shakespeare's Birthplace (unten) in Stratford-upon-Avon.

Der Steinzeitdolmen Pentre Ifan (unten) und die Kathedrale in St. David's (rechts).

Cardiff Castle, ein zinnenbewehrtes Bilderbuchschloß. Sofern man allerdings etwas über die walisische Seele erfahren möchte, ist das Cardiff-Arms-Park-Stadion die richtige Adresse: Dort wird der Nationalsport Rugby zelebriert – ein Sport für Rabauken, von Gentlemen gespielt, wie ein Beobachter einmal treffend meinte. Fußball dagegen sei ein Spiel für Gentlemen, bei dem sich nur Rabauken auf dem Platz befänden...

Unter Tage. Auf einem Tagestrip über Pontypridd hinein in das berühmteste der südwalisischen Industrietäler, Rhondda Fawr (Aussprache etwa: »Ronsa Waur«), wird die Bergbaugeschichte der Region lebendig. Auf einer Länge von 25 Kilome-

tern lebten hier bisweilen über 160 000 Kohlekumpel mit ihren Familien. Die engen Straßenzeilen mit Reihenhäusern, in denen zum Teil mehr als jeweils fünfzig Menschen zusammengepfercht waren, stehen noch immer. Die Kohlenschächte freilich sind längst geschlossen. Im Freilichtmuseum Rhondda Heritage Park kann man nicht nur die alten Maschinenhallen besichtigen, sondern auch noch ein Stück unter Tage fahren.

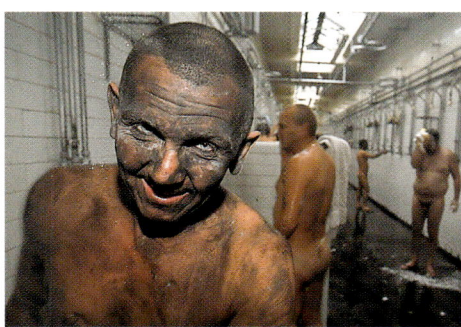

In die Natur. Je weiter man sich vom Rhondda-Tal nach Norden bewegt, desto stärker verändert sich die Landschaft: Heraus aus tiefschwarzen Steinformationen geht es stetig bergan, bis man nach 30 Kilometern vom *Brecon Beacons National Park* empfangen wird. Welch eine Veränderung! Heidefelder wiegen sich im Wind, glasklare Teiche schimmern im Sonnenlicht, und Wanderer sind unterwegs zur Gipfelkette der Black Mountains. Dies ist das Erholungsgebiet des industriellen Wales. Die Lunge atmet frei durch, und das Auge nimmt die ferne Küstenlinie mit ihren Fabrikschloten nur schemenhaft wahr. Hier, in dieser fast lieblich anmutenden Gegend, tritt die klassische Trennung des Landstrichs in einen technisch und städtisch geprägten Süden sowie einen landwirtschaftlich naturbelassenen Norden erstmals sinnfällig zutage. Eine Ausnahme von dieser Regel ist, gleich hinter Swansea, die Halbinsel *Gower*, die bereits einen Vorgeschmack auf die erholsamen Küstengebiete weiter westlich gibt. Tief eingeschnittene Sand-

stände laden zum Baden ein, im leicht erhabenen Hinterland schweben Drachenflieger durch die Luft, und am Rand der zahlreichen Wanderwege sitzen Familien beim Picknick. Der benachbarte *Pembrokeshire Coast National Park* steigert das Naturerleben noch: Auf einem fast 300 Kilometer langen Kurs kann man den kompletten Westzipfel von Wales umrunden. Ob mit dem Pony, Mountainbike oder Kajak bleibt jedem selbst überlassen.

Bevor der Berg lockt. Vorbei an Kuhställen und Burgruinen, zur Linken stets begleitet vom St. George's Channel, erreicht man nach einer Tagesetappe *Aberystwyth*, das sich romantisch in eine Felsenbucht schmiegt. Im Umfeld der angesehenen kleinen Universität blüht eine junge Kulturszene. Die Marine Terrace mit ihrer typischen Bäderarchitektur ist einen ausgedehnten Spaziergang wert. Auch kann man mit der Cliff Railway, der längsten elektrischen Bergbahn Großbritanniens, auf den Constitution Hill fahren. Besonders in der Abenddämmerung präsentiert sich die Aussicht absolut postkartenwürdig. Bildungshungrige statten vielleicht auch noch der Walisischen Nationalbibliothek, die wertvolle Handschriften birgt, einen Besuch ab. Dann aber ruft der Berg.

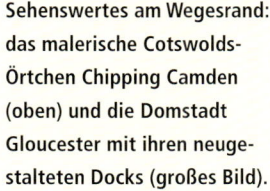

Sehenswertes am Wegesrand: das malerische Cotswolds-Örtchen Chipping Camden (oben) und die Domstadt Gloucester mit ihren neugestalteten Docks (großes Bild).

Sein Leben wird von der Kohle bestimmt: Schichtende in Hirwaun (links oben). Plausch unter Nachbarinnen im Rhondda-Tal (oben). – 1872 gegründet: die Universität von Aberystwyth (unten).

Fortsetzung Seite 78

– Ein walisischer Wasserweg –

Pause an der Schleuse (oben).
Ob von Pferden gezogen
(Mitte) oder durch Motorkraft
angetrieben (unten): Auf
dem Kanal gilt die Höchstgeschwindigkeit von 6 km/h.

Schwindelfrei muß man sein
auf der Passage des zweihundert Jahre alten Pontcysyllte-
Aquädukts (großes Bild). Auf
buntbemalten Kannen steht
der Name seines Erbauers
Thomas Telford (rundes Bild).

Nostalgiefahrt auf dem Llangollen-Kanal

Lautlos zieht die Landschaft vorbei. Ab und zu gluckst es leise, ansonsten herrscht himmlische Ruhe. Kirchtürme, Wiesen, Wälder und kleine Dörfer tauchen auf und verschwinden wieder. Die Kulisse ändert sich, der Standort aber bleibt derselbe. Für ein paar Stunden, ein paar Tage wird das Boot zum beweglichen Zuhause. Auf einem Kanal unterwegs zu sein, ist eine wunderbare Art, sich durch die Landschaft zu bewegen und eine Urlaubsregion vom Wasser aus zu erobern. Man sitzt an Bord, läßt die Welt vorbeiziehen und genießt die wechselnden Eindrücke, ohne sich dabei selbst bewegen zu müssen. So zu reisen ist sehr meditativ, ein vorzügliches Anti-Streß-Programm – sich treiben lassen, schauen und träumen. Großbritannien ist ein Paradies für alle, die gern auf dem Wasser unterwegs sind. Der walisische Llangollen-Kanal (sprich: »Chlängochlän«) ist ein besonders interessanter Wasserweg. Er wurde für den Transport von Gütern gebaut und ist mit kaum mehr als 2 Metern Breite eine ziemlich enge Einbahnstraße. So machen auch die bunten »narrow boats«, die Schmalboote, ihrem Namen alle Ehre, gleichen sie doch durch Länge aus, was ihnen an Breite fehlt. Noch bis in die sechziger Jahre des 20. Jahrhunderts wurden auf dem Llangollen-Kanal nicht Touristen, sondern Sand, Getreide und Kohle befördert. Pferde oder Mulis zogen die langen, schmalen Frachtkähne vom Land aus. Heute dienen die Treidelpfade als Spazierwege. Die Fuhrleute auf den einst industriell genutzten Wasserstraßen lebten das ganze Jahr auf ihren Booten. Sie waren ein sehr eigenes, von der seßhaften Gesellschaft mehr oder weniger isoliertes Völkchen, das unter sich

langen Pontcysyllte-Aquädukts. In schwin-delnder Höhe überbrückt er den Fluß Dee. Es ist schon aufregend, wenn einen nur wenige Zentimeter vom Abgrund trennen. Der Aquädukt ist eine beeindruckende Lei-stung des Ingenieurs Thomas Telford (1757–1834), der auch in London einige Brücken baute. Ein zweiter Aquädukt bei Chirk wird von einer Eisenbahnbrücke be-gleitet. In der Nähe führt die Wasserstraße durch einen 500 Meter langen Tunnel, der von Minenarbeitern gegraben wurde. Der Llangollen-Kanal beginnt, noch in England, bei Nantwich und endet – 21 Schleusen später – in der sehenswerten Kleinstadt Llangollen, wo sogar ein Kanal-museum existiert. Es gibt mehrere Mög-lichkeiten, den Kanal und seine Umgebung zu entdecken: Wer nicht selbst ein Boot steuern möchte, kann sich auch von Pfer-den auf den Treidelpfaden ziehen lassen. Ebenfalls möglich sind Zwischenformen: Wann immer man genug von den schwan-kenden Planken hat, steigt man aus und läuft ein Stückchen am Ufer mit.

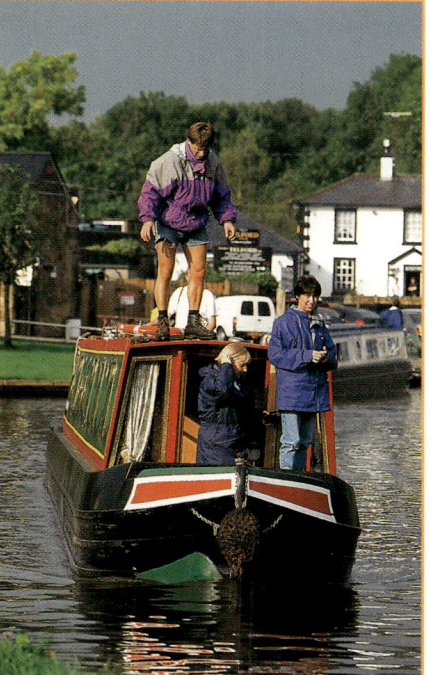

Herrlich ereignisarm ist das Dasein auf dem Wasser (oben und links). Und wenn sich Hunger und Durst einstellen, kehrt man einfach ein – zum Beispiel im »Boat Inn« in Gnosall (links unten).

blieb und seine besonderen Traditionen entwickelte. Weil ihr winziger Lebensraum ihnen kaum Gestaltungsmöglichkeiten ließ, malten sie einfach ihre Boote und ihren Hausrat bunt an.
Zu den navigatorischen Höhepunkten der 73 Kilometer langen Llangollen-Tour, die auch in Teilabschnitten gefahren werden kann, zählt die Passage des gut 300 Meter

AUF DEM WASSER REISEN

Besonders bei schönem Wetter ist es sehr ver-lockend, das Auto einfach für ein paar Tage ste-hen zu lassen und sich eine schwimmende Unter-

kunft zu suchen. Mit seinen 73 Kilometern Länge ist der Llangollen-Kanal nur ein winziges Teilstück des weitver-zweigten Wasserwege-netzes der Midlands zwischen London und Liverpool. Darüber hinaus finden alle, die das Reisen auf dem Wasser für sich entdeckt haben, auch in anderen Regionen Großbritanniens eine Vielzahl von schiffbaren Flüssen und Kanälen vor. Es gibt außerdem zahlreiche Reiseveranstal-ter, die Wasserreisen organisieren oder bei deren Vorbereitung behilflich sind.

Bis in das Städtchen Llangollen führt der Kanal gleichen Namens, der 1804 als Abzweig des Shropshire Union Canal gebaut wurde.

In Barmouth an der Cardigan Bay versuchen sich die Urlauber im Krebsefangen (großes Bild). – Seine Herde hört auf ihn: Schäfer am Llyn Nantlle im Snowdonia National Park (unten).

Bunte Häuschen zieren den Hafen von Aberaeron.

Prächtige Uniformen sind bei der Militärparade in Chester zu bewundern.

Klettern oder mit der Bahn hinauf?

Natürlich kann hier nur einer richtig rufen, und das ist der altehrwürdige *Snowdon*. Der mit 1085 Metern zweithöchste Gipfel Großbritanniens verschwindet zwar immer wieder gern in den Wolken, doch die Straßen im *Snowdonia National Park* sind zum Glück exzellent beschildert. Am besten folgt man den Wegweisern nach Llanberis, dem walisischen Kletterort Nummer eins. Auf den ersten Blick scheint die 2000-Seelengemeinde fest in der Hand rucksackbepackter Kraxler zu sein, was den wanderunerfahrenen Ausflügler aber überhaupt nicht schrecken muß. Ihn bringt nämlich die gewaltig schnaufende Snowdon Mountain Railway in eineinhalb Stunden nach oben.

Patriotische Proteste. Die nächste Station der Reise liegt dem Gebirge gleichsam zu Füßen: *Caernarfon*. Die Stadt selbst ist eigentlich nur Staffage für ihre Festung, die wohl mächtigste in ganz Wales. Vor gut siebenhundert Jahren, als Wales noch unabhängig war, wurde hier der letzte echte walisische Prinz geschlagen. Danach diente das imponierende Bauwerk als Außenposten, ja mehr noch als Symbol der englischen Herrschaft im

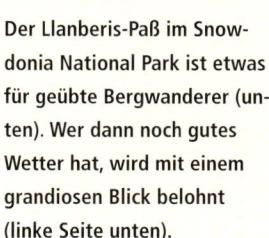

rebellischen Randgebiet. Noch 1969 wurde Thronfolger Charles demonstrativ an diesem Ort feierlich zum Prince of Wales erklärt, was unter den regionalen Patrioten wildeste Proteste auslöste und dem königlichen Eisenbahnzug eine Bombendrohung einbrachte. Da spie der rote Drache, das walisische Nationalsymbol, gewissermaßen Feuer. Heutzutage läßt sich dies alles mit einer gewissen historischen Distanz betrachten, denn das aufstrebende Wales hat mittlerweile im Vereinigten Königreich sehr an Eigenständigkeit gewonnen.

Zurück auf englischem Boden. Mit dieser versöhnlich stimmenden Gewißheit kehrt man entlang der Bäderroute an der Nordküste über die A 55 zurück nach England. Weit über die Grenze führt der Weg freilich nicht, denn unmittelbar dahinter wartet die alte Römerfeste *Chester*. Ihr auffallendstes Kennzeichen ist die nahezu vollständig erhaltene, 3,5 Kilometer lange Stadtmauer. Innerhalb dieser Einfriedung faszinieren vor allem die Rows, eine Einkaufspromenade auf zwei Ebenen, und die kunstvolle Fachwerkarchitektur in Schwarzweiß. Von der Straße aus erreicht man über Treppen die

unter Arkaden gelegenen, nach hinten versetzten Läden im 1. Stock. Chesters berühmte Kathedrale überrascht durch ihre Ausdehnung, denn es handelt sich eigentlich um eine Klosteranlage, deren Kern aus dem 10. Jahrhundert stammt. Wer es noch älter mag, ist in den Römischen Gärten richtig, dort wurden alle Ausgrabungsfunde aus der Umgebung zusammengetragen.

Um den Kreis in Birmingham wieder zu schließen, wendet man sich nun südwärts. Die dünn besiedelte, ihrer Entdeckung noch harrende Grafschaft Shropshire rahmt die A 41 mit kleinen Erhebungen ein, bis es wahlweise über Telford oder über Shrewsbury – lohnend wegen seiner Tudor-Architektur – zurück in die Großstadt geht. Erst im Getümmel Birminghams wird einem richtig bewußt, wie wunderbar ruhig es in Wales war.

Der Llanberis-Paß im Snowdonia National Park ist etwas für geübte Bergwanderer (unten). Wer dann noch gutes Wetter hat, wird mit einem grandiosen Blick belohnt (linke Seite unten).

Planen und erleben...

Kurvenreich ist die Straße am Great Ormes Head.

ENTFERNUNGEN ↓		↑
km	**Birmingham**	989
	153 km	
153	**Monmouth**	836
	75 km	
228	**Cardiff**	761
	133 km	
361	**Gower Peninsula**	628
	262 km	
623	**Aberystwyth**	366
	120 km	
743	**Snowdonia**	246
	141 km	
884	**Chester**	105
	105 km	
989	**Birmingham**	km

Ein Rolls-Royce muß einfach glänzen.

Walisische Farbharmonie: der See Llyn Gwynant im Snowdonia National Park.

Die Highlights

STRATFORD-UPON-AVON

Nicht nur für Theaterliebhaber ist Stratford eine Wallfahrtsstätte: Einmal im Leben muß jeder auf den Spuren William Shakespeares gewandelt sein – koste es, was es wolle. Und es kostet einiges: Von der Fish-and-Chips-Bude bis zum Hotel – überall schlägt der Dichter kräftig zu Buche. Wenigstens benötigt man in Stratford keine öffentlichen Verkehrsmittel, denn fast alle Sehenswürdigkeiten sind gut zu Fuß erreichbar.

Über 300 000 Fahrgäste pro Jahr transportiert die Ffestiniog Railway.

CARDIFF

In seiner Landeshauptstadt zeigt sich Wales weltläufig: Besonderer Stolz ist das reiche Kulturangebot, wobei unüberhörbar die Sangeskunst dominiert. Sowohl die klassische Oper als auch die reiche Chortradition wurzeln in den nahen Bergarbeitertälern, wo die Kumpel einst Sängervereine gründeten. Die Stadt hält mit mehreren Museen die industrielle wie auch die nationale Geschichte wach. Darüber hinaus gehören die prächtigen Bauten des Civic Centre im Cathays Park und die Burg zum Besichtigungsprogramm. Der innerstädtische Verkehr wird von den beiden Gesellschaften Orange bzw. White Cardiff Bus bestritten – man braucht dafür allerdings passendes Fahrgeld oder am besten gleich ein »Capital Ticket« für den ganzen Tag.

PEMBROKESHIRE COAST NATIONAL PARK

Strahlend weiße Strände, geschützte Dünen, Höhlen und über 3000 Jahre alte Felsen im Hinterland – so präsentiert sich die Küste von Pembroke, eine Erholungslandschaft von besonderer Güte. Hier lassen sich beispielsweise seltene Vögel wie Papageientaucher und Trottellummen beobachten, mitunter kann man auch Graurobben zu Gesicht bekommen. Informationen über den Nationalpark, den Coast Path und mögliche Freizeitaktivitäten in der Region erteilt das Nationalparkbüro, Winch Lane, Haverfordwest. Für Bootsfahrten zu den vorgelagerten Inseln ist das mittelalterlich geprägte Städtchen Tenby der ideale Ausgangshafen.

58 Buchstaben hat der Name dieses Ortes auf der Insel Anglesey.

SNOWDONIA NATIONAL PARK

Die Fläche der Berglandschaft um den Snowdon herum, der im wahrsten Sinn des Wortes den Höhepunkt von Wales bildet, mißt nur wenig mehr als 20 Quadratkilometer; insgesamt ist der Nationalpark etwa sechzehnmal so groß. Auf dieser Fläche zeigt sich die Natur jedoch in einer schier unerschöpflichen Vielfalt – mit Hochmooren, Wäldern, Bächen und eiszeitlichen Tälern. Die Berge stellen an Kletterer zum Teil hohe Anforderungen. An ihnen hat einst sogar die erste erfolgreiche Mount-Everest-Expedition trainiert. Dennoch kommen auch ungeübte Gelegenheitswanderer auf ihre Kosten – es stehen zahlreiche Routen der unterschiedlichsten Schwierigkeitsgrade zur Auswahl. Im übrigen gilt: Während sonst fast jede Fortbewegungsform erlaubt ist, darf man von Mai bis September nicht mit dem Mountainbike auf den Snowdon fahren.

Rugbymatch in Hendy, Südwales.

Broadways »Lygon Arms Hotel«.

CHESTER

Ein Reisekatalog hätte die Stadt kaum schöner arrangieren können: Römische Sand-

Tips für unterwegs

Will man in Stratford-upon Avon eine Vorstellung der Royal Shakespeare Company besuchen oder hat vor, dort zu übernachten, muß lange im voraus gebucht werden. Trotzdem kann es passieren, daß in der Hauptreisezeit und um Shakespeares mutmaßlichen Geburtstag herum (23. April) nichts mehr geht. Auch Wanderungen im Snowdongebiet sollten etwas vorbereitet sein. Eine gute Adresse dafür ist das Snowdonia National Park Information Centre in Betws-y-Coed, wo man Wanderkarten kaufen und sich über den Nationalpark informieren kann.

Ruht auf den Fundamenten eines alten Römerlagers: Cardiff Castle.

SOUVENIRS

Ein beliebtes Mitbringsel aus Wales sind die »Welsh Love Spoons«. Diese aus einem Stück geschnitzten und reich verzierten »Liebeslöffel« schenkten früher arme Bauernburschen ihren Auserwählten und zeigten damit den Beginn der Brautwerbung an. Auch walisische Musik läßt sich gut mit nach Hause nehmen – sei es nun eine Aufnahme der Welsh National Opera oder die eines walisischen Bergarbeiterchors. Wem eine kulinarische Köstlichkeit lieber ist, kann sich in Chester (Cheese Shop, 116 Northgate Street) mit dem hochgelobten Käse der Region eindecken.

Noch weiter westlich kann man in Wales kaum wohnen: Haus bei St. David's.

Sanft geschwungene Hügel umgeben den kleinen Hafen von Fishguard.

steinmauern, Bilderbuchhäuser aus Tudor- und viktorianischen Zeiten, Tore und Türme – kurzum, es ist alles vorhanden, was des Reisenden Herz begehrt. Nur mit dem Auto sollte man möglichst nicht versuchen, sich der City zu nähern. In der Hauptsaison ist das Zentrum vom späten Vormittag bis zum frühen Abend vollständig für den Individualverkehr gesperrt. Es entlang der Stadtmauer zu umfahren, gestaltet sich wegen der chaotischen Streckenführung ebenfalls äußerst mühsam und anstrengend. Die einzige Lösung: das Auto am besten schon am Stadtrand parken und den Bus nehmen. Dank mehrerer Einkaufszentren eignet sich Chester auch gut zum Auffüllen der Reisevorräte.

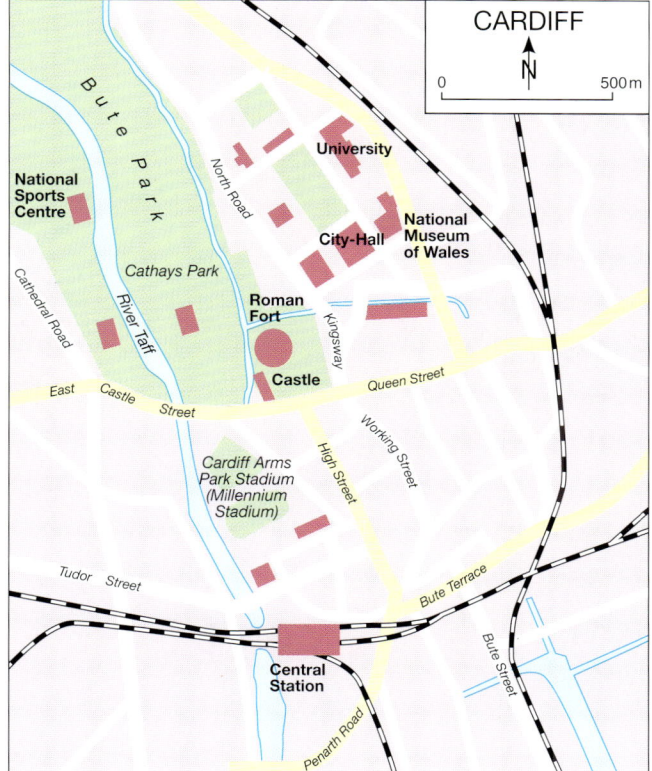

DAS FEST DER FESTE

Jedes Jahr im Sommer packt alle echten Waliser ein unwiderstehliches Verlangen. Egal, ob sie im fernen Patagonien leben – wohin viele ausgewandert sind – oder gleich nebenan in Bristol: Sie müssen nach Hause. Dort wird, an wechselnden Orten, in der ersten Augustwoche ein großes Fest gefeiert, das Royal National Eisteddfod of Wales. Nach altem Ritual versammeln sich weiß gewandete Bar-

den auf einem Platz. Der Erzdruide erhebt sein Schwert und fragt: »Oes heddwch?« – Herrscht Frieden? »Heddwch«, bejaht die Menge vieltausendstimmig und gibt so den Auftakt zu einer weiteren Folge des ältesten europäischen Folklorefestivals. Im Lauf der Festwoche werden die Meister in verschiedenen Disziplinen gekürt, deren wichtigste die Dichtkunst nach strengem Versmaß ist…

Am Honister-Paß in der Nähe des Lake Buttermere eröffnet sich die ganze Schönheit der Landschaft im Lake District.

Von Manchester durch Englands Norden

ROUTE 4

Bis hinauf ins englisch-schottische Grenzland erstreckt sich das North Country, und es weiß Naturliebhaber und Geschichtsinteressierte gleichermaßen in seinen Bann zu ziehen. Wer auf der Suche nach einem Stück Bilderbuchengland ist, wird hier fündig.

Harmonie aus Heide und Hecken

Die dicht besiedelten Midlands lassen kaum vermuten, welch einzigartiges Erholungsgebiet sich gen Norden eröffnet: Sanfte Erhebungen und sattgrüne Weiden prägen Yorkshire, der Lake District, das Herz der Grafschaft Cumbria, fasziniert durch glasklare Seen und imposante Berge, während die offenen Täler der Yorkshire Dales ein wunderbares Gefühl von Weite vermitteln.

Mit den finsteren Seiten der Stadtgeschichte vertraut machen können sich die Besucher Yorks auf einem ganz speziellen Rundgang, dem »Ghost Trail of York«: Ein skurriler Guide erzählt in den schillerndsten Farben von getöteten Waisenkindern, hingerichteten Mördern und Domgeistern.

Webstühle, bittere Armut und Revolten – noch vor hundert Jahren stand *Manchester* für die Schrecken des nackten Kapitalismus. Doch was für ein Wandel hat sich seitdem vollzogen! Die einstige Stadt des grauen Elends ist längst modern herausgeputzt. Statt Friedrich Engels (1820 bis 1895), der hier mit der englischen Arbeiterfrage in Berührung kam und zum Sozialrevolutionär wurde, sind heute eher die Popgruppe Simply Red und der Fußballverein Manchester United imagestiftend. Beim Bummel durch die fußgängerfreundliche City erinnert jedoch die Town Hall noch immer sehr überzeugend an viktorianische Geschichte, mit schmiedeeisernen Leuchtern, ebensolchen Geländern und kühnen Deckenkonstruktionen. Gleich nebenan können Kunstsinnige leicht die Zeit vergessen: Die City Art Gallery ist eine Sammlung von europäischem Rang. Beispielhaft für die Resultate der Stadtbildumgestaltung sind die alten Börsengebäude Royal Exchange und Corn Exchange: Beide wurden in glitzernde Einkaufs- und Unterhaltungskomplexe umgewandelt.

»England's greenest hills«. Heraus aus dieser schönen neuen Welt geht es Richtung *Leeds*. Nicht nur was die Einwohnerzahl von einer runden halben Million angeht ist Leeds, das Wirtschaftszentrum Yorkshires, Manchester recht ähnlich. Auch hier findet ein deutlicher Wandel hin zur Kulturmetropole statt, nicht zuletzt gefördert durch das Henry Moore Institute. Es ist nach dem berühmten Bildhauer benannt, der in Leeds die Kunsthochschule absolvierte, und dokumentiert mit thematisch wechselnden Ausstellungen die Entwicklung der modernen Bildhauerei. Ungewöhnliches bieten auch die Royal Armouries, die königlichen Waffenkammern. Außer der Waffensammlung kann man hier die Flugkünste von Falken bewundern, die zur Jagd abgerichtet wurden.

Die Weiterfahrt offenbart, warum die Jagd in England so beliebt ist: Überall sind Yorkshires Felder und Viehweiden von Hecken gesäumt, die allen möglichen Kleintieren Unterschlupf bieten. Und damit haben auch die Jäger genügend Möglichkeiten, ihrer Leidenschaft zu frönen. In Yorkshire ist Grün die alles beherrschende Farbe – hier hat die Natur tatsächlich »England's greenest hills« geschaffen, wie Elton John sie etwas sentimental besingt.

Nach einer Weile kündigt eine Ringstraße, die den nun stärker gewordenen Verkehr zu ordnen versucht, York an.

In der historischen Hauptstadt. *York* war einst über 2000 Jahre hinweg *die* Kapitale des Nordens. Nur London zeigte sich ihr ebenbürtig. York besaß Reichtümer, die es durch gewaltige – und kaum gealterte – Mauern sicher zu schützen wußte. Ein Rundgang auf deren Krone ist

Unzählige Schafe leben in den Yorkshire Dales.

Südlich von Whitby liegt der kleine Küstenort Robin Hood's Bay mit seinen verwinkelten Gäßchen.

»Im Winter gibt es nichts
Trostloseres und im
Sommer nichts Herrliche-
res als diese von Bergen
umschlossenen Schluchten
und diese steilen, von
Heidekraut überwucher-
ten Hügelschwellen.«

Emily Brontë,
Die Sturmhöhe, 1847

die beste Art, sich auf die Stadt einzustim-
men. Noch immer besitzt York Kunst-
schätze zuhauf, und als Besucher hat man
die Qual der Wahl. Zum Auftakt bietet
sich die Besichtigung des York Minster
an, der größten mittelalterlichen Kathedrale Europas. Für ihre Fenster wurde
fast die Hälfte des gesamten im damaligen England verfügbaren Buntglases ver-
arbeitet. Entsprechend faszinierend sind
die Lichtspiele im Innern.

Auch draußen in den holprigen und fast
klaustrophobisch schmalen Sträßchen
der Shambles geht es bunt zu: Früher
hatten hier Fleischer und andere Hand-
werker ihre Läden, heute versuchen vor
allem Souvenirhändler, gutes Geld zu
machen. Das tut der Freude am Flanieren
aber keinerlei Abbruch. Nach einem
gemütlichen Spaziergang erreicht man
am Südrand der City das Castle Museum.

Derwent Water ist einer der
größten Seen im Lake District
(oben). – Wer über den Tiden-
damm nach Holy Island fahren will, sollte vorher die
Gezeitentabelle studieren
(unten).

Es verfügt über eine umwerfende Sammlung von Alltagsgegenständen: Von kompletten Hauseinrichtungen aus viktorianischer Zeit über einen fünfzig Jahre
alten, nostalgisch anmutenden Fernseher
bis hin zu Dingen aus der jüngsten Vergangenheit umfaßt es so ziemlich alles.

Über vierhundert Jahre alt und berühmt wegen
seiner zahlreichen Fenster: Hardwick Hall.

Geschichtsträchtiges Terrain. Auf der
Weiterfahrt Richtung Küste wird die Szenerie entlang der A 169 am North York
Moors National Park zunehmend von Felsen bestimmt. Bei *Whitby* reichen sie
dann bereits für eine Steilküste. Die kleine Stadt mit ihrer romantischen Klosterruine und dem tief eingeschnittenen Hafen läßt kaum vermuten, welch große
Bedeutung sie für die Seefahrt einst hatte: Sämtliche Schiffe des Weltumseglers
James Cook (1728–1779), dessen Denkmal am Hafen steht, wurden hier gebaut,
und der Walfang war so bedeutend, daß
es heißt, sogar Herman Melville (1819 bis
1891) habe sich für seinen Roman »Moby
Dick« in Whitby inspirieren lassen.

Stilvoll: mit dem Oldtimer ins »Drunken Duck
Inn«, einen Pub im Lake District.

Gelegenheiten, die maritime Atmosphäre
– die historische wie die gegenwärtige –
bei einer gepflegten Tasse Tee auf sich
wirken zu lassen, gibt es in jedem Fall
mehr als genug.

Wo immer etwas los ist. Für das folgende Wegstück ist kennzeichnend, daß das
Auto auf immer neuen Klippenformatio-
nen regelrecht über dem Meer zu schweben scheint. Das Wasser kräuselt sich im
Wind, Leuchttürme blinken, Fischkutter

Map labels:
Glasgow · Edinburgh · Berwick upon Tweed · SCHOTTLAND · Tweed · Holy Island · Hadrian's Wall · Newcastle upon Tyne · Carlisle · Hexham · Corbridge · Sunderland · Cumbria · Durham · Wear · Stockton · Middlesbrough · Staithes · Ullswater · Tees · Whitby · Robin Hood's Bay · Lake District National Park · Brockhole · Darlington · North York Moors National Park · Scarborough · Kendal · Thwaite · Windermere · Rievaulx Abbey · Wensleydale · THE PENNINES · Castle Howard · Yorkshire Dales National Park · Yorkshire · Irish Sea · Bolton Abbey · Harrogate · York · Blackpool · Leeds · Halifax · Kingston upon Hull · ENGLAND · Manchester · Peak District National Park · Liverpool · Bakewell · Hardwick Hall

Er hat schon lange ausgedient:
Mühlstein im Peak District.

In der belebten Stonegate
von York unterhalten Straßenkünstler die Passanten (oben).
Im Stadion-Café des Clubs
Manchester United (Mitte).

York Minster: Weitgehend behoben sind die
Schäden, die der Brand von 1982 anrichtete.

Wear von drei Seiten umspült. Eine Burg gibt es auch, und der Rasen sieht, ganz dem Klischee entsprechend, tatsächlich überall so aus, als habe man ihn fein säuberlich mit der Nagelschere geschnitten. Kein Wunder also, daß an jeder Ecke Kameras klicken und Camcorder schnurren. Was sich dagegen nicht gleich ins Bild drängt, ist die rege Kulturszene: Durham hat eine eigene kleine Universität, und deren Studentenvereinigung organisiert das ganze Jahr hindurch Theateraufführungen sowie Jazz- und Rockkonzerte. Im Juni hält die Hochschule zudem eine Kunstwoche ab. Daneben finden noch eine große Regatta, ein Bergarbeiter- und zwei Bierfeste statt. Kurzum: Die Wahrscheinlichkeit, daß Besucher hier nichts erleben, ist mehr als gering.

kehren heim. Mit diesen Bildern im Kopf erreicht man *Durham*, aber bereits der Blick vom dortigen Bahnhof aus macht völlig neuen Eindrücken Platz: Theatralisch thront die Kathedrale auf einem gewaltigen Sandsteinklotz, den der Fluß

Wer zu spät kommt … Auf den folgenden Kilometern heißt es, die Autobahn M 1 nach Norden eisern im Auge zu behalten: Wer die City von New Castle nicht eng

Rievaulx Abbey (oben). – Laden
in Robin Hood's Bay (unten).

York: Während das Minster (rechts) durch seine immensen Dimensionen besticht, geht es in den Shambles ziemlich beengt zu (großes Bild). – Für seinen »Pudding«, eine süße Schlemmerei mit Erdbeermarmelade, ist der Ort Bakewell berühmt (oben). Markttag in Newcastle (Mitte). – Von hohen Klippen umgeben: Staithes nördlich von Whitby (unten).

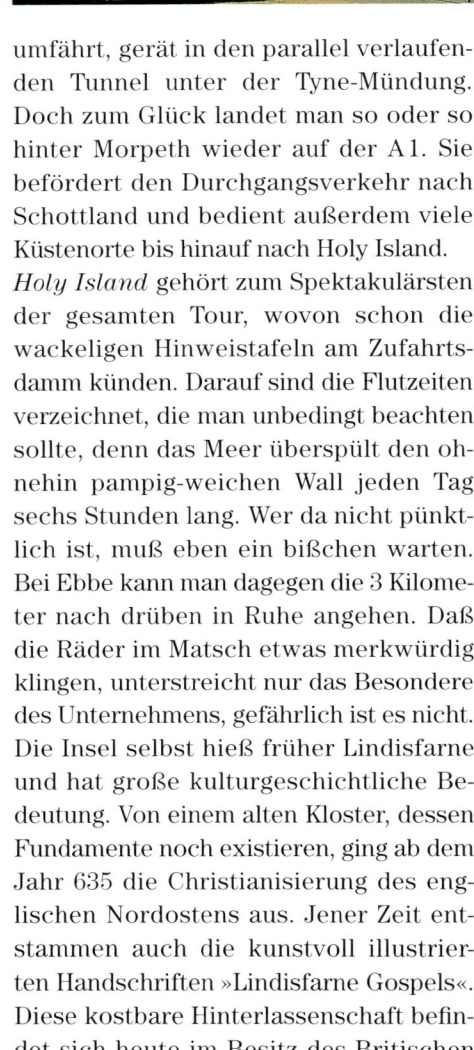

umfährt, gerät in den parallel verlaufenden Tunnel unter der Tyne-Mündung. Doch zum Glück landet man so oder so hinter Morpeth wieder auf der A1. Sie befördert den Durchgangsverkehr nach Schottland und bedient außerdem viele Küstenorte bis hinauf nach Holy Island.

Holy Island gehört zum Spektakulärsten der gesamten Tour, wovon schon die wackeligen Hinweistafeln am Zufahrtsdamm künden. Darauf sind die Flutzeiten verzeichnet, die man unbedingt beachten sollte, denn das Meer überspült den ohnehin pampig-weichen Wall jeden Tag sechs Stunden lang. Wer da nicht pünktlich ist, muß eben ein bißchen warten. Bei Ebbe kann man dagegen die 3 Kilometer nach drüben in Ruhe angehen. Daß die Räder im Matsch etwas merkwürdig klingen, unterstreicht nur das Besondere des Unternehmens, gefährlich ist es nicht. Die Insel selbst hieß früher Lindisfarne und hat große kulturgeschichtliche Bedeutung. Von einem alten Kloster, dessen Fundamente noch existieren, ging ab dem Jahr 635 die Christianisierung des englischen Nordostens aus. Jener Zeit entstammen auch die kunstvoll illustrierten Handschriften »Lindisfarne Gospels«. Diese kostbare Hinterlassenschaft befindet sich heute im Besitz des Britischen Museums in London.

Die meisten Besucher genießen auf der Insel allerdings in erster Linie die gesunde Nordseeluft und die angenehmen Bademöglichkeiten. Auch die Edinburgher lieben Holy Island und haben es zu einem ihrer bevorzugten Ausflugsziele erklärt. Für kurze Stippvisiten sollte man sich daher eher einen Werktag aussuchen. Ebenso ist von hier aus auch ein Abstecher in die schottische Hauptstadt zu erwägen – näher kommt man ihr auf dieser Route jedenfalls nicht.

Das römische Bollwerk. Die weitere Fahrt führt nämlich über die Straßen A 698 und A 68 wieder nach Südwesten. Viel aufgeforsteter Wald wird dabei durchquert, was für England eher ungewöhnlich ist, denn zum Zweck des Flottenbaus hat sich Britannia im Mittelalter fast all seiner natürlich gewachsenen Gehölze selbst beraubt. Am Ende dieser höchst angenehmen Strecke wird der bei Geschichtslehrern so beliebte *Hadrianswall* erreicht. Im Jahr 122 befand der römische Imperator Hadrian bei einer Inspektion der Nordgrenze seines Reiches, diese bedürfe dringend einer Befestigung. Er ließ ein 130 Kilometer langes Bollwerk errichten, um damit »die Römer vor den Barbaren« zu schützen, so die Überlieferung. Von den einst 17 Kastellen und 320 Wachtürmen finden sich zwar nur noch wenige Spuren, dafür ist der Wall heute eine der populärsten Wanderstrecken des Landes. Auch gibt es zwei Museen, eines in *Corbridge*, das andere in *Hexham*, die sich mit der römischen Geschichte beschäftigen. Wer mag, kann die Grenzbefestigung mit dem Auto abfahren – die A 69 folgt ihr bis nach Carlisle.

Rauhen Winden sind die Ruinen der Whitby Abbey ausgesetzt (oben). – Mit dem Jaguar E-Type läßt sich Haworth gut erkunden (links unten).

Schon die kleinen Einwohner von Manchester – zumindest die männlichen – träumen davon, künftige United-Stars zu sein (unten). – Die jungen Frauen der Stadt interessieren sich für ganz andere Dinge als Fußball (oben).

Im Lake District: Die einen genießen die Landschaft vom Fahrrad aus (unten), die andern zeichnen sie (großes Bild). – Aus römischer Zeit: der Hadrianswall (Mitte).

Im Seengebiet. In *Carlisle* beginnt der westliche Teil Cumbrias, einer Gegend, an der man sich kaum sattsehen kann: Die höchsten Gipfel Englands greifen hier nach den tiefziehenden Wolken, schäumende Wasserfälle rauschen an Felswänden herunter, und Gletscherseen schimmern unergründlich. Seit die Romantiker des frühen 19. Jahrhunderts den *Lake District* für sich entdeckten, seit Maler

Ein kühles Getränk im Grünen kann man in diesem Pub in Glenridding am Ullswater genießen.

wie John Constable (1776–1837) ihn im Bild festhielten und Dichter wie William Wordsworth (1770–1850) ihn mit überschwenglichen Worten priesen, ist das Gebiet zu einer Art Nationalheiligtum in Sachen Naturschönheit avanciert. Alljährlich reisen die Besucher sehr zahlreich an, und jeder, der hier, um mit Wordsworth zu sprechen, »einsam wie eine Wolke« zu wandern gedenkt, sieht sich vielen, vielen anderen Naturfreunden gegenüber, die sich möglicherweise Ähnliches erträumt hatten. Und trotzdem: Eine Durchquerung des Seengebiets gehört zum unabdingbaren Minimalprogramm. Von Norden her gleitet die A 591 an drei Seen entlang, bis sie nach rund 40 Kilo-

Im Sommer verkehren Ausflugsboote auf dem Ullswater (oben). – Den Lakes wirklich auf den Grund gehen können wohl nur Taucher (darunter).

metern mit dem *Lake Windermere* den größten See im Lake District erreicht. Doch nicht die Superlative zählen auf diesem Weg, sondern die vielen herrlichen Aussichtspunkte, die engen Durchfahrten zwischen Bergen auf der einen und Gewässern auf der anderen Seite und die Dörfer mit ihren geduckten Häusern, die aussehen, als habe man sie eigens als Postkartendekoration aufgestellt.

Tal an Tal. Schon auf den ersten Blick mag man dem Zauber dieses Landstrichs erliegen und das Bedürfnis verspüren, länger zu bleiben. Entsprechende Übernachtungsangebote gibt es reichlich, Quartiersuchende allerdings auch. Darum weichen Individualisten in letzter Zeit immer öfter nach »nebenan« aus und suchen sich eine Bleibe in den *Yorkshire Dales*. Auch diese haben Nationalparkstatus, zudem sind sie nah gelegen und von ebenbürtigem Liebreiz. Anders als im Seengebiet verspürt man in den Dales, in den Tälern, aber eher ein Gefühl von Offenheit und Weite. Typisch dafür ist

Wensleydale, wohin der Weg über die A 684 überaus malerisch führt. Spätestens auf Höhe der Pennines, jenes Höhenzugs, der ganz England wie ein Rückgrat durch-

Die Landwirtschaftsauktionen in Kendal sind immer gut besucht (oben und unten). Die Geschichte der Lindisfarne Abbey auf Holy Island reicht ins 7. Jahrhundert zurück (links).

Fortsetzung Seite 96

91

Das Fischerstädtchen Whitby liegt zu Füßen der Abteiruine auf dem East Cliff.

In Blackpool Spaß zu haben, war noch nie eine Frage des Alters – auf der Promenade (oben und rundes Bild) und den Piers (Mitte) stellt sich die richtige Stimmung fast automatisch ein.

Diese Aufnahme des 1895 erbauten Blackpool Tower entstand um 1900.

Umtriebige Urlaubsstadt

*D*ie Briten haben bekanntlich ein sentimentales Verhältnis zu allem, was ein bißchen in die Jahre gekommen ist. Das gilt für Haustiere, Autos und Elektrogeräte ebenso wie für bestimmte Orte – insbesondere, wenn es sich um Seebäder handelt. Dort fährt man mit Kind und Kegelclub hin – weniger um zu baden, sondern um sich zu amüsieren. Die beiden großen Konkurrenten unter den Kurorten am Meer sind Brighton – mit der höheren Einwohnerzahl – und Blackpool – mit den weitläufigeren Strandanlagen. Blackpool war es, das im späten 19. Jahrhundert als erstes Ferienreiseziel elektrifi-

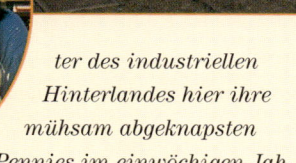

ziert wurde. Daran erinnern alljährlich, vom frühen September bis in den November hinein, die »illuminations«, eine publikumswirksame Veranstaltung, bei der mehr als 8 Kilometer Uferstreifen in ein bunt schillerndes Lichtermeer verwandelt werden. Mindestens ebensosehr wie die spektakulären Lichtspiele schätzen die in Scharen herbeireisenden britischen Urlauber die Seebrücken, die Piers, von denen es in Blackpool gleich drei gibt. Eisbuden, Tanzflächen im Freien, Spielautomaten und ein Riesenrad bestimmen hier das Bild. Wer dieser Rummelatmosphäre eher reserviert gegenübersteht, sollte sich in Erinnerung rufen, daß dieses Angebot auf jene Zeiten zurückgeht, als die Arbei-

ter des industriellen Hinterlandes hier ihre mühsam abgeknapsten Pennies im einwöchigen Jahresurlaub ausgaben, um ein wenig Spaß zu haben. Der North Pier wurde übrigens in all seiner damaligen viktorianischen Pracht wiederhergestellt. Unübersehbar ragt an der Promenade als ähnlich altes Wahrzeichen der Blackpool Tower auf. Das 160 Meter hohe Stahlungetüm, dem Eiffelturm nicht unähnlich, beherbergt einen ausgedehnten Vergnügungskomplex mit eigenem Zirkus und dem mitreißenden Fahrgeschäft »Zeitendämmerung«. Auch gibt es hier einen ulkigen, stücküberladenen Ballsaal, der von sich behauptet, im Stil des Rokoko gestaltet

1910 warb ein Mädchen mit Sandspielzeug für das Seebad (unten) – heute tobt am Pleasure Beach das Vergnügen (großes Bild und oben). Immer in Sichtweite: der Blackpool Tower (Mitte).

zu sein. Dazu will allerdings nicht nur die original Wurlitzer Kinoorgel aus dem 20. Jahrhundert nicht so recht passen. Aber, was soll's: Schräg kann manchmal ja auch schön sein.

Der Höhepunkt in Sachen Unterhaltung ist jedoch Pleasure Beach, eine Ansammlung von mehr als 150 Fahrgeschäften plus Diskos, Kabarett und Schlittschuheisfläche. Gleichwohl – Blackpool ist nicht nur Belustigung und Radau: Am fast 10 Kilometer langen Sandstrand The Beach sitzen Familien in der Sonne beieinander, sie trinken Tee und erholen sich wie vor hundert Jahren. Das ist beruhigend – für die Menschen wie für die aufgedrehte Urlaubsstadt, die manchmal selbst ein bißchen von Ferien zu träumen scheint.

EIN STÜCK VERKEHRSGESCHICHTE

Über eine elektrische Straßenbeleuchtung verfügte Blackpool bereits im Jahr 1879, und auch bei den Verkehrsmitteln hatte die Stadt die Nase vorn: Schon 1885 rumpelte hier die erste Straßenbahn über die Schienen – nur wenige Jahre, nachdem Werner Siemens in Berlin den ersten Prototyp getestet hatte. Heute führt die Trambahnstrecke auf einer Länge von 18 Kilometern hauptsächlich an der ausgedehnten Uferpromenade entlang. Richtig eng wird's

in den Straßenbahnen allherbstlich zu Zeiten der »illuminations«. Dann holen die Verantwortlichen alles, was noch rollen kann, aus den Depots. Der größten Gunst beim Publikum erfreuen sich die Plätze in der oberen Etage der unverwechselbaren Doppeldecker.

Liverpool: Unweit der modernen Fußgängerzone stößt man auf charmante alte Häuserzeilen (großes Bild).

Typisch für die Siedlungen in den Yorkshire Dales ist der Ort Thwaite (oben). – An den Aysgarth Falls im Wensleydale bahnt sich der Fluß Ure seinen Weg durch die Schluchten (unten). – Traumhaft gelegen: die Blea Tarn Farm im Lake District (rechts).

Vergnügungen am Wasser. Die Engländer verbinden mit Blackpool Unterhaltung für die ganze Familie, und der Gast aus dem Ausland tut es ihnen am besten einfach gleich: Es wird viel Karussell gefahren und jede Menge Eis gegessen. So nimmt man nach *Liverpool* garantiert ein Stück englisches Lebensgefühl mit. An den Beatles kommt man in dieser Stadt natürlich nicht vorbei, schließlich stammen die vier legendären Pilzköpfe von hier. Zeit und Aufmerksamkeit sollte man in Liverpool vor allem den schön restaurierten viktorianischen Lagerhäusern am Albert Dock widmen. Sie beherbergen nicht nur die Ausstellung »The Beatles Story«, sondern auch die Tate Gallery, dazu Läden, Cafés und gemütliche Pubs.

Und noch einmal Natur. Zurück in Manchester, stellt sich die Frage, ob die Reise nicht am schönsten mit einem Abstecher in den nahen *Peak District National Park*

zieht, wird es aber Zeit, sich wieder nach Südwesten zu wenden. Dorthin windet sich eine verschlafene Nebenstraße, die 30 Kilometer nichts als wunderbare Einsamkeit bringt. Erst bei Bolton Abbey gelangt man wieder auf die A 59. Diese bewegt sich zielstrebig auf die Küste der Irischen See zu. Und dort gibt es eigentlich nur ein Ziel: *Blackpool*.

Besonders viele Schaffarmer sind im Norden der Yorkshire Dales zu finden (oben).

Frisch renoviert und vielbesucht: die Lagerhäuser am Albert Dock in Liverpool (oben). Einer ihrer Anziehungspunkte ist die Ausstellung »The Beatles Story« (ganz unten). Nächtliches Liverpool (unten).

DER RÄCHER DER ENTERBTEN

Vierzig Kilometer südlich der Verbindung Manchester–Leeds liegt Sherwood Forest, der berühmteste Schlupfwinkel des gesamten Königreichs.

Kein Geringerer als Robin Hood soll sich hier einst verborgen gehalten haben. Die Legende von dem edlen Gesetzlosen, der den Reichen nimmt, um den Armen zu geben, entstand im 14. Jahrhundert und wurde später von vielen Balladendichtern aufs Schönste ausgeschmückt. Das Andenken an den mutigen und gerechten Ritter wird im Sherwood Forest Country Park mit Erfolg hochgehalten – alljährlich kommen Hunderttausende von Besuchern.

und die Grafschaft Derbyshire zu beenden wäre. Einmal mehr nämlich lockt dort eine abwechslungsreiche Landschaft – mit Mooren und Wäldern, mit grünen Tälern und von weitläufigen Parks umgebenen Herrenhäusern, mit sich harmonisch in die Umgebung einfügenden Dörfchen. Da bleibt eigentlich nur zu hoffen, daß das Zeitbudget groß genug ist.

Planen und erleben...

Die Highlights

MANCHESTER

Einst zur ersten Industriestadt der Welt aufgestiegen, vollzieht Manchester gerade einen zweiten großen Wandel – hin zur modernen Großstadt. Noch offenbart sich das Spannende daran erst auf den zweiten Blick, doch bietet die City mit ihren alten Lagerhäusern, ihren neogotischen Gebäuden und modernen Einkaufszentren allemal genug für einen abwechslungsreichen Tagesaufenthalt.

Mit dem Bau der Town Hall in Manchester wurde 1868 begonnen.

York: In der Stonegate läßt es sich wunderbar bummeln.

↓	ENTFERNUNGEN	↑
km	**Manchester**	1073
	210 km	
210	**York**	863
	180 km	
390	**Durham**	683
	149 km	
539	**Holy Island**	534
	216 km	
755	**Lake District**	318
	208km	
963	**Blackpool**	110
	110 km	
1073	**Manchester**	km

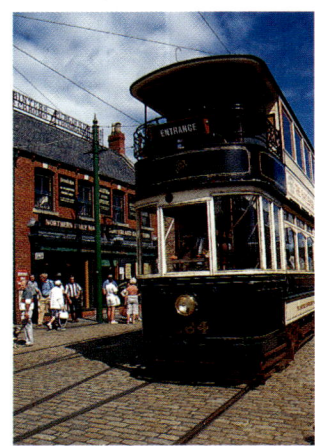
Im Beamish Open Air Museum nördlich von Durham.

Empfehlenswert, weil für alle öffentlichen Verkehrsmittel der Stadt gültig, ist das 24-Stunden-Ticket »Wayfarer«, das es etwa im Travel Shop am Südende von Piccadilly Gardens gibt.

LEEDS

Aufstrebend, unkonventionell, erfrischend anders – mit diesen Attributen kann man die Universitätsstadt am Fluß Aire treffend charakterisieren. Am besten, man läßt das Auto an einem der Vorortbahnhöfe stehen und fährt mit dem Zug in die Innenstadt.

YORK

York ist eine mittelalterliche Stadt von großer Anziehungskraft. Wichtigstes Orientierungsmerkmal sind ihre alten

Ehemaliges Schmugglernest: der Fischerort Robin Hood's Bay.

Befestigungsmauern. Nicht nur die baulichen Zeugnisse einer langen und bedeutenden Historie und das Castle Museum mit seinen Alltagsszenerien sind in York sehenswert, über ein weiteres Highlight verfügt die Stadt mit dem National Railway Museum – Eisenbahnfans kommen vielfach nur deswegen hierher: Im weltgrößten Eisenbahnmuseum sind allein fünfzig auf Hochglanz gewienerte historische Loks zu bewundern. Hinzu kommt das komplette Drumherum – vom königlichen Salonwagen bis hin zur Trillerpfeife. Auch Besucher, deren Eisen-

bahnleidenschaft sich in Grenzen hält, sind von dem Museum einfach begeistert.

Wer seinen Reisetermin schon in voraus sicher weiß, tut gut daran, das Quartier von zu Hause aus zu reservieren. Das ist erheblich billiger als die Buchung vor Ort an den Rezeptionen der jeweiligen Unterkünfte.

WHITBY

Die Orientierung ist in diesem Fischerstädtchen wie aus dem Bilderbuch nicht ganz einfach, weil hier einige Straßennamen mehrfach existieren. Wer keine Lust hat zu gehen – immerhin

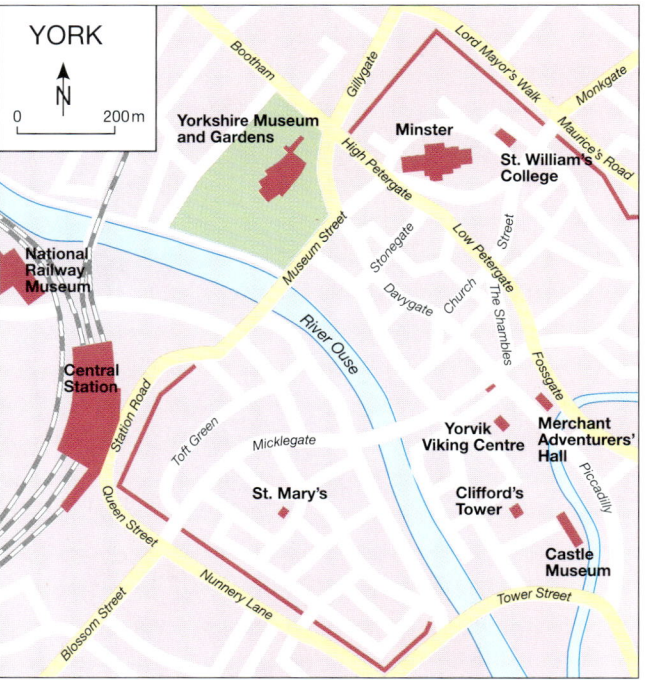

gilt es, beträchtliche Höhenunterschiede zu überwinden –, kann auch aufs Taxi ausweichen, die Entfernungen halten sich in Grenzen. Wegen der vielen Feste und Veranstaltungen ist es ratsam, in Whitby

Der Alte Tuchmarkt von Halifax ist heute ein beliebter Treffpunkt.

Zimmer vorzubestellen. Gut erkunden lassen sich von hier aus die zahlreichen schönen Badestrände und Felsenhöhlen in der Umgebung.

HADRIANSWALL

Die schönsten noch erhaltenen Abschnitte der alten römischen Grenzbefestigung liegen nordwestlich von Hexham zwischen Housesteads und Steel Rigg; der interessanteste Turm befindet

sich bei Corbridge. Als Alternative zur A 69 kann die alte Militärroute B 6318 befahren werden, die westlich von Newcastle beginnt und bis nach Greenhead verläuft.

LAKE DISTRICT

Englands größter Nationalpark ist ein bevorzugtes Reiseziel. Es empfiehlt sich deshalb, hin und wieder die Hauptstraßen zu verlassen, dann dünnt sich der Besucherstrom merklich aus. Das beste Informationszentrum der Region befindet in Brockhole, südlich von Ambleside, wo es auch ein großes Sortiment an Wanderkarten gibt. Die Kosten für Unterkünfte sind wegen der großen Nachfrage leider sehr hoch.

BLACKPOOL

Neben all den Rummelattraktionen verdient auch das Sealife Center Erwähnung; es befindet sich direkt an der Promenade auf Höhe des Central Pier. Hier kann man unter anderem die größten Haie bestaunen, die in

Tagen verliert man dort auf glitschigen Wegen und Steinen leicht den Halt.
Die größeren Städte der Route gilt es, weitgehend ohne Auto zu entdecken. Weder in Manchester, noch in Leeds, noch in York kommt ein Wagen gut voran. Man droht entweder im Berufsverkehr stecken zu bleiben, sich in einem Gewirr von Einbahnstraßen zu verheddern oder in engen, labyrinthartigen Gassen auf entgegenkommende Reisebusse zu treffen.

Hier entsteht ein kostbares Naß: in der Brauerei von Hesket Newmarket.

Wanderparadies: Englands erster Nationalpark, der Peak District.

Viel Phantasie bewiesen die Erbauer der Schloßanlage Castle Howard bei den zahlreichen Wasserspielen.

Einladend: Pub in Manchester.

Europa gezeigt werden. Wen in dieser Stadt das Bedürfnis nach Ruhe überkommt, der sollte einen Spaziergang zum 3 Kilometer vom Strand entfernten Stanley Park unternehmen, wo es sich in gepflegten Anlagen angenehm lustwandeln läßt.

Tips für unterwegs

Im Lake District braucht man schon für größere Spaziergänge rutschfestes Schuhwerk, denn an den recht häufigen feuchten

SOUVENIRS

Wunderschöne Pullover, Jacken und Kleider – samt und sonders Einzelstücke – werden im Corn Exchange in Leeds verkauft. Auf der Strecke Leeds–York führt ein kleiner Umweg nach Harrogate, Englands erster Adresse für Teetrinker. Hier muß man unbedingt, am besten in eine schmucke Dose gefüllt, eine der vielen edlen, typisch englischen Teemischungen erstehen – zum Beispiel bei Betty's, Parliament Street 1.

DRACULA AM ORIGINALSCHAUPLATZ

Will man Vampiren nachstellen, muß es dunkel sein – Tageslicht fürchten sie ebensosehr wie Knoblauch. Die Blutsauger haben kein Spiegelbild, und unschädlich kann sie nur machen, wer ihnen einen Holzpflock durchs Herz treibt. All dieses praktische Vampirwissen verdankt die Welt dem in Dublin geborenen Bram Stoker, der 1890 nach Whitby kam, um dort Ferien zu machen.

Gerade hatte er sich auf dem Whitbyer West Cliff einquartiert, als draußen vor der Küste ein Geisterschiff auf Grund lief. Der Zeitungsbericht darüber inspirierte Stoker zu einer Geschichte, die ihresgleichen sucht. 1897 erschien sein Buch »Dracula« – und wurde zum Inbegriff des Vampirromans. Im Lauf der Jahre haben die Auflagen schwindelnde Millionenhöhen erreicht, auch wurde der Stoff dutzendfach verfilmt. Und in diesen Streifen sind stets einige Whitbyer Schauplätze erkennbar: die Sandbank von Tate Hill, die Treppe zur Abtei und der Friedhof.

An Höhe wurde sie längst übertroffen – dennoch prägt die St. Paul's Cathedral mit ihrer einzigartigen Kuppel bis heute die Silhouette der Londoner City.

Von London nach Edinburgh

Eine Universitätsstadt von Weltrang, mächtige Kathedralen und die Nähe zum Meer prägen die Route östlich der Pennines, des Gebirgszugs, der den Norden wie ein Rückgrat durchzieht. Unvergeßlicher Höhepunkt der Reise ist Edinburgh, das »Athen des Nordens«.

Kirchen, Künste, Traditionen

Die Haupstadt des Empire zu verlassen, um sich in Schottlands Kapitale zu begeben, galt einst als bedeutsames Unterfangen. Könige reisten zwischen den Zentren ihrer Macht hin und her, und auch als Handelsweg war die Strecke jahrhundertelang sehr wichtig. Wer die Reise heute unternimmt, erlebt mittelalterliche Städte mit berühmten Architekturdenkmälern und eine besonders schöne Nordsee.

Schwarz und Rot sind die Farben der traditionellen Uniform der »Beefeaters«, die den Tower of London bewachen.

Vorbei sind die Zeiten, da man auf der Strecke London–Edinburgh tagelang unterwegs war. Heute bieten sich für die Reise, vom Flugzeug einmal abgesehen, gleich drei Möglichkeiten an: Die erste dürfte, wenn nicht die billigste, so doch die komfortabelste sein. Täglich befahren vom Londoner Bahnhof King's Cross aus Intercity-Züge die legendäre Eisenbahnstrecke des »Flying Scotsman«. Im Jahr 1923 hieß so die erste Expreß-Lokomotive für den Passagiertransport, später entwickelte sich daraus ein kompletter Luxuszug, und heute handelt es sich dabei immerhin noch um eine sehr effektive Bahnverbindung, auf der man in rund sechs Stunden von London in die schottische Hauptstadt gelangt. Nachts verkehrt der »Night Rider«, in welchem die Reise bequem verschlafen werden kann. Die überaus reizvolle schottische Nordseeküste sollte man allerdings unbedingt mit wachen Sinnen an sich vorbeiziehen lassen.

Die zweite Reisevariante führt über die wichtigste britische Autobahn, die M 1, bis nach Leeds. Dort, im Gebiet der Midlands, setzt sich die Route mit der A 1 fort, und hinter der schottischen Grenze geht es dann auf einer Landstraße mit autobahnartigen Teilabschnitten weiter. Die Fahrt wird dadurch etwas abwechslungsreicher und ist nicht nur ein reines Kilometerfressen auf grauem Betonband, zumal mit dem Wechsel der Straße stets auch ein gewisser Wandel im Landschaftsbild einhergeht.

Am meisten sieht man von der Umgebung natürlich noch immer auf der gemächlichen Bummeltour. Sie wäre die dritte und schönste Alternative: Von London aus fährt man zunächst im allgemeinen Verkehrsstrom nach Norden aus der Stadt heraus. Der gewählte Weg ist dabei erst einmal zweitrangig, denn man landet sowieso früher oder später am Autobahnring, von wo aus das erste klassische Ziel angestrebt wird, nämlich Cambridge.

Ehrwürdige Stadt der Talare. Es dürfte schwer sein, jemanden zu finden, der bei dem Namen *Cambridge* nicht sofort an die Universität denkt. Und tatsächlich gibt es an den Ufern des Flüßchens Cam seit über sieben Jahrhunderten eine spezifische Lebensgemeinschaft zwischen »town and gown«, zwischen der Stadt und den Talarträgern. Neben Oxford ist Cambridge weltweit eine der elitärsten Adressen für höhere Bildung; so elitär, daß die Nobelpreisträger unter den Absolventen hier schon gar nicht mehr gezählt werden. Zwischen fünfzig und neunzig sollen es sein – so what? Na und? Noch bis 1947 galt es als unangebracht, akademische Grade an Frauen zu verleihen. Das hat sich inzwischen freilich geändert, wie schon die ersten Eindrücke zeigen: Massen von Radfahrern beiderlei Geschlechts sind zwischen den Colleges in der City unterwegs. Eine Universität

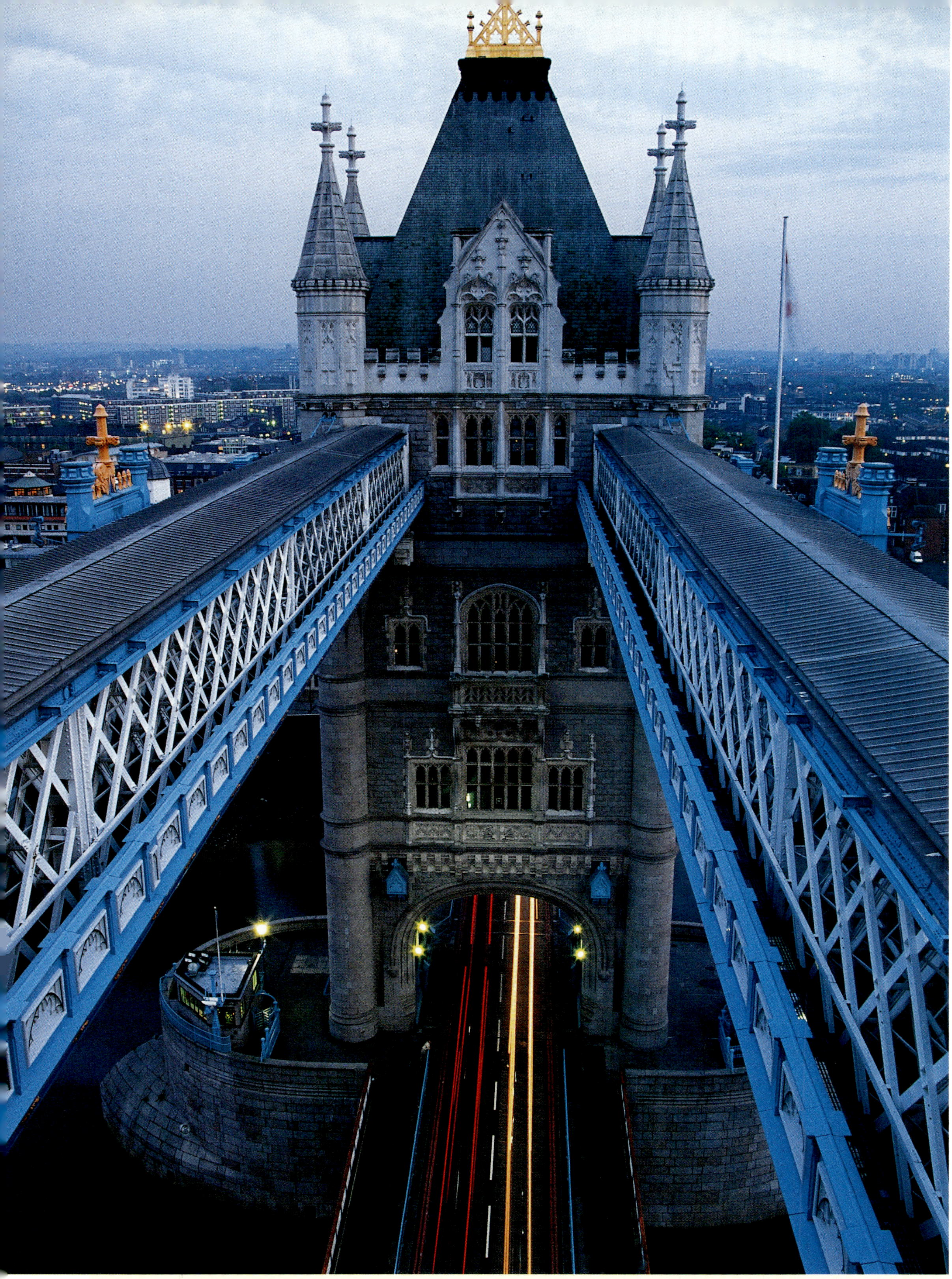

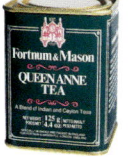

Von den verglasten Fußgängerbrücken, die hoch oben die beiden Türme der Tower Bridge verbinden, bietet sich ein grandioser Blick über London.

Inbegriff des Trinkgenusses: Ein guter Tee.

»Die Sonne war noch nicht aufgegangen. Meer und Himmel ließen sich nicht unterscheiden, nur daß das Meer leicht gefältet war wie ein zerknittertes Tuch.«

Virginia Woolf, Die Wellen, 1931

Keine Miene verziehen die Wachen, die das Gatehouse von Edinburgh Castle flankieren (oben). – Nordöstlich von Peterborough liegt das Städtchen Stamford, dessen historischer Stadtkern ungewöhnlich gut erhalten ist (unten).

oder einen Campus sucht man in Cambridge vergeblich; ihr Wissen erwerben die 10 000 Studentinnen und Studenten in rund dreißig Einzeleinrichtungen.

Den besten Überblick verschaffen sich Neuankömmlinge von den Backs aus, dem sehr gepflegten mittleren Flußabschnitt des Cam. Ringsum stehen hier nicht weniger als sechs Colleges, die mit ihren unterschiedlichen Baustilen zugleich verschiedene Phasen der Stadtgeschichte repräsentieren. Der Höhepunkt unter diesen steinernen Denkmälern ist zweifellos King's College Chapel, ein Meisterwerk der Gotik, das 1516 nach siebzigjähriger Bauzeit fertiggestellt wurde. Mit 22 Meter Höhe und fast 100 Meter Länge gilt es als größtes von einem Fächergewölbe gekröntes Kirchenschiff. Bei allen staunenden Blicken nach oben sollte man aber nicht vergessen, auch ein-

Die Brücke von Carrbridge und Kilchurn Castle an der Nordwestküste Schottlands.

mal hinter den Hochaltar zu sehen. Dort hängt nämlich das Gemälde »Die Anbetung der Magi«, ein veritabler Rubens. Der Spaziergang führt nun am unmittelbar nebenan liegenden Senate House vorbei, wo traditionell die Graduierungszeremonien abgehalten werden, und weiter zum Trinity College mit seinem legendenumwobenen Innenhof Great Court: Der Dichter Lord Byron (1788–1824) höchstpersönlich hat dort angeblich nackt mit seinem Braunbären im Springbrunnen gebadet, während Isaac Newton (1643 bis 1727) laut Überlieferung hier den Äpfeln beim Fallen zugesehen und bei dieser Gelegenheit das Gravitationsprinzip entdeckt haben soll. Ob diese Geschichten wahr sind, sei dahingestellt, einen Apfelbaum gibt es auf jeden Fall heute noch hier, er steht vor der berühmten Bibliothek Wren Library. Wer nun weiter ins gegenüberliegende St. John's College zu wandeln beabsichtigt, kann sich nicht der Seufzerbrücke bedienen, doch das macht nichts, im Gegenteil: Den Nachbau des

venezianischen Originals sieht man ohnehin von der benachbarten St. John's Bridge aus viel besser. Man kann zu diesem Zweck natürlich auch in eines der »punts« genannten Stakboote steigen, die bei Bedarf gleich samt »Gondoliere« gemietet werden können.

Erfolgreich entwässert. Auf der Weiterfahrt heißt es dann jedoch, das Steuer wieder selbst in die Hand nehmen. Weitläufige Sümpfe, Marschen und Moore prägten bis vor vierhundert Jahren die Gegend, die nun durchquert wird – *The Fens.* Bereits von den Römern und auch später wurden immer wieder Anstrengungen unternommen, das Land zu entwässern. Tatsächlich beizukommen vermochte dem Problem erst ein niederländischer Ingenieur im 17. Jahrhundert: Er senkte die Pegel und ermöglichte dadurch eine landwirtschaftliche Nutzung der fruchtbaren Böden. Von dem, was die Landschaft geprägt haben muß, ist heute kaum

Fürstliches Schlafzimmerinterieur im berühmten Castle Howard.

mehr etwas vorhanden. Charakteristisch für das flache Ackerland sind allein das wie mit dem Lineal gezogene Straßennetz sowie die Kanäle und Deiche.

Der touristische Höhepunkt von *Peterborough,* der nächsten Station, ist unbestritten die Kathedrale aus dem Jahr 1237. Sie steht auf den Fundamenten einer älteren, von den Dänen zerstörten

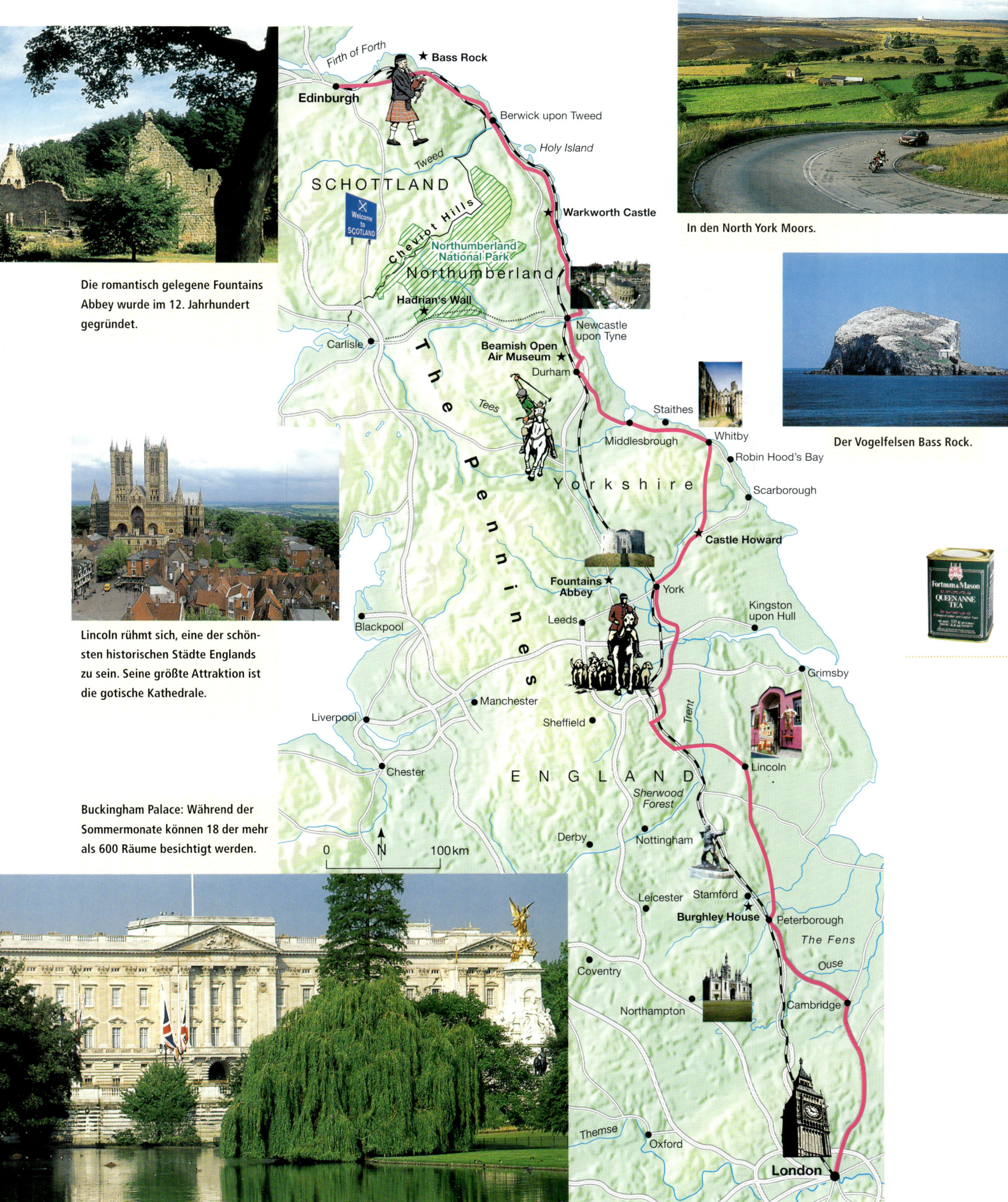

Die romantisch gelegene Fountains Abbey wurde im 12. Jahrhundert gegründet.

In den North York Moors.

Der Vogelfelsen Bass Rock.

Lincoln rühmt sich, eine der schönsten historischen Städte Englands zu sein. Seine größte Attraktion ist die gotische Kathedrale.

Buckingham Palace: Während der Sommermonate können 18 der mehr als 600 Räume besichtigt werden.

Map labels:

Firth of Forth
Bass Rock
Edinburgh
Berwick upon Tweed
Holy Island
Tweed
SCHOTTLAND
Cheviot Hills
Warkworth Castle
Welcome to SCOTLAND
Northumberland National Park
Northumberland
Hadrian's Wall
Newcastle upon Tyne
Carlisle
The Pennines
Beamish Open Air Museum
Durham
Staithes
Whitby
Tees
Middlesbrough
Robin Hood's Bay
Yorkshire
Scarborough
Castle Howard
Fountains Abbey
York
Kingston upon Hull
Blackpool
Leeds
Grimsby
Manchester
Trent
Liverpool
Sheffield
Chester
ENGLAND
Lincoln
Sherwood Forest
Derby
Nottingham
Coventry
Leicester
Stamford
Peterborough
Burghley House
The Fens
Ouse
Northampton
Cambridge
Themse
Oxford
London
0   N   100 km

QUEEN ANNE TEA
Fortnum & Mason

105

Burghley House mit Zaun-
gästen (oben). – Antiquitäten-
laden in Stamford (Mitte).
Steil: Das Sträßchen Steep Hill
führt hinauf in Lincolns Altstadt (unten).

Klosterkirche und ist eines der bedeutendsten Beispiele normannischer Sakral-
architektur in England. Mächtige Strebe-
pfeiler tragen hier ein hölzernes bemaltes
Gewölbe. Im nördlichen Seitenschiff befindet sich außerdem das Grab Katha-
rinas von Aragon. Sie war die erste Ehe-
frau Heinrichs VIII. Als er sich 1533 von
ihr scheiden ließ, bedeutete dies den ersten Schritt auf dem Weg zur Reformation.

»Uphill« und »downhill«. Auf der Reise
steht indessen schon der dritte Schritt an
– was heißen soll: das dritte Etappenziel,
und dieses führt weiter hinein ins Flachland von Lincolnshire. Ebensooft wie zu
Unrecht wird diese Grafschaft als lang-
weilig geschmäht, dabei bietet sie mit
ihren verwunschen wirkenden Dörfern
und ihren stillen Pflasterstraßen beste
Voraussetzungen für einen erholsamen
Urlaub fernab von jedem touristischen

Rummel. Die Stadt *Lincoln* scheint die
Besucher schon regelrecht herbeizuwin-
ken. Weithin sichtbar markieren drei
Kirchturmspitzen auf einem steilen Berg
die Lage des Ortes, auf daß ihn auch niemand verfehle. Und trotzdem ist es in den
mittelalterlichen Gassen angenehm ruhig.
Freundliche Menschen erwarten die Reisenden, helfen mit Rat und Tat, bis jene
dann begriffen haben, wie man sich die
Stadt am leichtesten erschließt: Fast alles
in ihr fällt nämlich in die Kategorien
»uphill«, auf dem Berg, oder »downhill«,
unterhalb des Berges. »Uphill« steht zum
Beispiel die drittgrößte Kathedrale Englands und in deren Nähe so manches
Haus der besseren Herrschaften. »Downhill« findet man hingegen die verwinkelte
Altstadt und an deren Rand so manches
Arbeiterviertel, wodurch die örtlichen Be-
griffe von »oben« und »unten« noch eine
andere Dimension bekommen. »Unten«

trifft man zudem auf einige Absonderlichkeiten. Da wäre etwa jene eigentümliche Gefängniskapelle im Lincoln Castle, wo man die Gefangenen während des zwangsweise verordneten Gottesdienstes hochkant in Einzelkisten unterbrachte, so daß sie zwar den Pfarrer, aber keinen der Mitgefangenen sehen konnten. Früher habe man Straffälligkeit für ansteckend gehalten, heißt es zur Begründung. Nebenan lag praktischerweise gleich das Irrenhaus, The Lawn. Die Tatsache, daß dieses heute als Freizeitzentrum genutzt wird, könnte als Indiz für den sprichwörtlichen englischen Sinn für Humor herhalten.

Wille zum Wandel. Beim Autofahren ist jetzt allerdings erst einmal ein Sinn für Zahlen gefragt, denn man muß sich die Landstraßen 15, 18 und 19 hinaufzählen. Schafe blöken am Wegesrand, so wie sie es wahrscheinlich schon zu Zeiten der Postkutsche getan haben. Ab und zu sind Kalksteinformationen zu sehen, und immer öfter tauchen Ausflugbusse auf. Sie alle haben dasselbe Ziel: *York.*

Diese nordenglische Bilderbuchstadt hinter sich lassend, folgt man nun Richtung Whitby und Durham derselben Strecke wie Route 4 (siehe Seite 86 f.). Keinesfalls ausgelassen werden darf ein Besuch im Beamish Open Air Museum, zumal es quasi an der Strecke liegt, nämlich wenige Kilometer westlich von Chester le Street. Das Freilichtmuseum vermittelt ein äußerst lebendiges Bild vom Leben und Arbeiten in Englands Nordosten um 1900. Der Großraum *Newcastle upon Tyne* weckt ferne Erinnerungen aus dem Englischunterricht: Einst war die Gegend ein

Fortsetzung Seite 112

DER BEGINN EINER NEUEN ÄRA

Am 27. September 1825 wurde die erste Bahnstrecke der Welt in Betrieb genommen – sie führte von Stockton on Tees nach Darlington. Dort, wo bislang nur eine von Pferden gezogene Grubenbahn entlanggerumpelt war, lagen nun Schienen mit genormter Spurweite, und die Waggons zog ein tonnenschwerer Dampfkoloß. Konstruiert und gebaut hatte ihn der als Vater des Eisenbahnzeitalters geltende Ingenieur George Stephenson (1781–1848) aus der Grafschaft Northumberland. Dank seiner Weitsicht war auch die 13 Kilometer lange Strecke zwischen Abfahrts- und Ankunftsort so geschickt mit Brükken und Unterführungen versehen worden, daß die Fahrgäste ihr Ziel nach einer knappen Stunde erreichten.

Fast venezianisch: Stakboot und nachgebildete Seufzerbrücke in Cambridge (großes Bild). Ein architektonisches Juwel: die Kathedrale von Peterborough (oben).

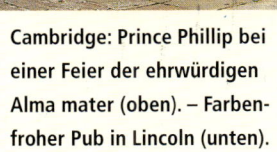

Cambridge: Prince Phillip bei einer Feier der ehrwürdigen Alma mater (oben). – Farbenfroher Pub in Lincoln (unten).

107

Malerisches Örtchen direkt
am Meer: Robin Hood's Bay
an der Küste North Yorkshires.

Schottlands Schaufenster

Edinburgh bietet nicht nur schöne Architektur, sondern ist auch eine lebendige Stadt…

*E*in raffiniertes Urteil über die schottische Hauptstadt Edinburgh hat ihr berühmter Sohn, der Schriftsteller Robert Louis Stevenson (1850–1894) gefällt: Edinburgh sei »precipitous«, befand Stevenson, dem die Welt den Roman »Die Schatzinsel« zu verdanken hat. Das kann »steil« heißen und die Lage des Zentrums rings um den wirklich atemberaubend aufragenden Burgfelsen meinen. Genausogut kann das Wort aber auch »schroff« be-

…von der sich besonders junge Leute angezogen fühlen.

deuten, womit Stevenson möglicherweise auf die leicht reservierte Art der Einwohner Edinburghs anspielen wollte. In der Tat findet man hier, wo seit kurzem das neue Regionalparlament residiert, wo die Wirtschaft boomt und gleich drei Universitäten für den akademischen Nachwuchs sorgen, einen soliden Bürgerstolz. Jeder Stein der Royal Mile zwischen den beiden königlichen Residenzen Holyrood Palace und Edinburgh Castle atmet schottische Geschichte. Auf der Burg, in einem kleinen Zimmer, brachte 1566 Maria Stuart ihren einzigen

Sohn zur Welt. Zu besichtigen sind hier
auch die schottischen Reichsinsignien
Krone, Zepter und Schwert. Über ein Jahrhundert lang lagerten sie in einer ver-
siegelten Kiste und waren fast in Verges-
senheit geraten. Erst zu Beginn des
19. Jahrhunderts erinnerte man sich ihrer
wieder, und sie gelangten – als Symbole
nationaler Selbstbesinnung – zu neuem
Glanz. Besuchern, welche die Stadt zu Fuß
entdecken möchten, macht es Edinburgh
leicht, abgesehen vielleicht von den etwas
kräftezehrenden Aufstiegen in der Old
Town. Wo immer man entlangschlendert –
man stößt garantiert auf eine Kirche, ein
Museum oder einen Park. Alles ist gut aus-
geschildert und das Stadtschema leicht zu
erfassen: Die neueren Gebäude im Norden
und die alte Bebauung im Süden sind mitten in der City durch die Eisenbahn und
eine Gartenanlage sauber voneinander
getrennt. In der daran angrenzenden
Flaniermeile Princes Street konzentrieren sich sämtliche Warenhäuser, was der
Einkaufslaune ungemein förderlich ist,
weil man nicht umherirren muß. Allein
die parallel verlaufende Fußgängerzone
Rose Street macht tagsüber oft einen etwas
öden Eindruck. Am Abend aber, wenn sich
die dortigen Pubs füllen, erwacht sie dafür um so heftiger zum Leben.

»Café Royal Mile« (oben).
Theaterfestival (unten).
Das »Balmoral Hotel« (links).

IM FESTIVALFIEBER

Alljährlich in der zweiten Augusthälfte ist die
schottische Hauptstadt Schauplatz des weltweit
größten Kulturfests. Das Edinburgh International
Festival ist ein Publikumsmagnet erster Güte und
das Angebot an Theatervorstellungen und Kon-
zerten fast nicht mehr zu überschauen. Am Rand
des Hauptfestivals findet zudem eine ganze
Reihe kaum weniger renommierter Veranstaltungen statt. So hält das Fringe Festival Auftritts-
möglichkeiten für freie Theatergruppen bereit.
Lesungen und Foren rund um die Literatur bietet
das Book Festival, auch das Jazz Festival wartet
meist mit großen Namen auf. Ein anderes Musik-
publikum erreicht das Military Tattoo: Jeden
Abend marschieren vor der Burg Dudelsack-
kapellen zum farbenfrohen Zapfenstreich auf.

111

Im Beamish Open Air Museum (oben). – Der dreitürmige Dom von Durham über dem Fluß Wear (Mitte). – Den schönsten Blick auf Edinburgh hat man von Calton Hill (großes Bild).

In Berwick upon Tweed.

sehr bedeutendes Stahl- und Kohlerevier, zudem wurde in der Stadt Newcastle jeder vierte Schiffsneubau der Welt auf Kiel gelegt. Diese Zeiten haben sich freilich nachhaltig geändert. Zwar dominieren noch heute die alten Brücken über den Tyne das Bild der Innenstadt – der Wille zum Wandel ist dennoch überall gegenwärtig. Am deutlichsten symbolisiert ihn vielleicht das gewaltige Metro Centre im Stadtteil Gateshead. Hier ist Großbritanniens größtes Einkaufszentrum entstanden. Wenn Newcastle sich zu einem Dienstleistungszentrum von überregionaler Bedeutung entwickeln möchte, so ist damit ein wichtiger Schritt gelungen. Den überzeugendsten Grund für einen Zwischenstopp auf der Durchreise liefern jedoch zwei Kunsteinrichtungen: Die Laing Gallery zeigt zahlreiche klassische Gemälde aus Sammlungen örtlicher Industrieller, und die Art on Tyneside ergänzt diese Präsentation durch Werke der Moderne. Beide zusammen werden längst nicht mehr nur von Insidern für eine der bedeutendsten Institutionen des westeuropäischen Kulturlebens gehalten.

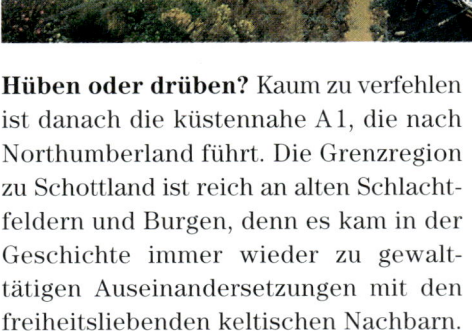

Hüben oder drüben? Kaum zu verfehlen ist danach die küstennahe A 1, die nach Northumberland führt. Die Grenzregion zu Schottland ist reich an alten Schlachtfeldern und Burgen, denn es kam in der Geschichte immer wieder zu gewalttätigen Auseinandersetzungen mit den freiheitsliebenden keltischen Nachbarn.

Sechs Brücken spannen sich in Newcastle über den Fluß Tyne (oben). – Angesagt: »Tiles Bistro« in Edinburgh (unten). In dem kleinen Fischerort Staithes schmiegen sich die hohen Häuschen eng aneinander (links).

Castle Howard birgt wertvolle Kunstsammlungen (oben). Auf Holy Island: Abend über Lindisfarne Abbey (unten).

Hadrianswall im Süden ausdehnt. Auf der Ostseite wird Holy Island passiert (siehe Seite 88), und dann wartet im allernördlichsten Winkel Englands *Berwick upon Tweed*. Nicht weniger als dreizehnmal wechselte die Stadt zwischen schottischer und englischer Herrschaft hin und her, bis 1482 endgültig klar war: Berwick fällt England zu. Man kann die kolossalen Wälle, mit denen sich die Stadt zu schützen trachtete, in ganzer Länge ablaufen und bekommt so einen guten Eindruck von der kompakten georgianischen Innenstadt. Ihre schon von weitem höchst ansehnlichen Herrenhäuser sind auch aus der Nähe ein Fest fürs Auge. Und beim Flanieren stößt man unvermutet auf allerlei Keramik- und Glasausstellungen.

Nun ist es nur noch ein Katzensprung hinüber nach Edinburgh (siehe Seite 110 f.), wo zum Ende der Reise die vielleicht seltsamste Neuigkeit über Berwick zu erfahren ist: Noch ist der Streit, zu wem die Grenzstadt eigentlich gehört, doch nicht ganz entschieden. Das Berwicker Fußballteam jedenfalls spielt in der Scottish League, und das zählt ja wohl, oder...?

Westlich der Straße liegt der menschenleere und verschwiegene *Border Forest Park*, wo sich im besten Sinn des Naturschutzes Fuchs und Hase gute Nacht sagen. Etwas mehr als 1000 Quadratkilometer umfaßt dieses Gebiet, das sich von den Cheviot Hills im Norden, welche die Grenze zu Schottland bilden, bis hin zum

Planen und erleben...

Einst heftig umkämpft: die Hafenstadt Berwick upon Tweed.

Die Highlights

CAMBRIDGE

Die feinsten Adressen des britischen Hochschulwesens liegen hier dicht beieinander. In den Colleges der Universität wird jedoch nicht nur akademischer Nachwuchs von besonderer Güte ausgebildet, die alten Gebäude sind auch öffentlich zugängliche Architekturdenkmäler. Zudem verfügen sie über bedeutende Kunstschätze, die Cambridge zu einem touristischen Anziehungspunkt ersten Ranges machen. Um die ruhige, feingeistige Atmosphäre des Ortes richtig mitzubekommen, verlangsamt man am besten das eigene Tempo etwas. Das Auto kann auf einem der leicht zu findenden Park-and-ride-Plätze stehenbleiben, von wo aus kostenlose Shuttlebusse in die Innenstadt verkehren. Auch sollte man das Leihen eines Fahrrades erwägen, denn die Stadt ist flach und daher ideal zum Radfahren. Wer laufen möchte und nicht viel Zeit hat, ist mit einem geführten Stadtrundgang am besten bedient: Man bucht ihn im Tourist Information Center in der Wheeler Street hinter dem Rathaus. Im Sommer empfiehlt es sich, schon zeitig am Morgen zu reservieren, denn die Gruppen werden relativ klein gehalten. Die bei weitem schönste Art der Fortbewegung ist freilich das »Punting«, das gemächliche Schippern mit dem Stakboot. Verleihstationen befinden sich unter anderem hinter dem Trinity College und an der Magdalena Bridge; am Wochenende macht die Sache allerdings weniger Spaß, weil es dann auch auf dem Wasser ziemlich voll ist.

Übrigens: Wer die berühmte Ruderregatta zwischen Oxford und Cambridge erleben möchte, ist in beiden Universitätsstädten falsch: Austragungsort ist – aus Gründen der Neutralität – die Themse in der Nähe der Hauptstadt London.

Warkworth Castle aus dem 13. Jahrhundert.

LINCOLN

Diese Stadt mit ihrem mittelalterlichen Erscheinungsbild ist ein echtes Kleinod am Wegesrand. Da es nicht so viele Touristen hierher verschlägt, kann man sich die gewaltige Kathedrale und die Burg in aller Ruhe ansehen. Ein Nachteil: Wer nach dem recht anstrengenden Fußweg hinauf zur Kirche hungrig oben ankommt, findet in der Nähe nur Restaurants mit überhöhten Preisen.

Wenn es sich organisieren läßt, sollte man etwas Zeit erübrigen, um auch die liebliche Umgebung Lincolns zu erkunden, wozu sich besonders das Fahrrad anbietet.

Cambridge: frohe Gesichter zum Graduation Day.

ENTFERNUNGEN		
↓ km		↑
	London	811
	91 km	
91	**Cambridge**	720
	55 km	
146	**Peterborough**	665
	85 km	
231	**Lincoln**	580
	155 km	
386	**York**	425
	75 km	
461	**Whitby**	350
	95 km	
556	**Durham**	255
	149 km	
705	**Holy Island**	106
	16 km	
721	**Berwick upon Tweed**	90
	90 km	
811	**Edinburgh**	km

In Whitby ließ der Weltumsegler James Cook seine Schiffe bauen.

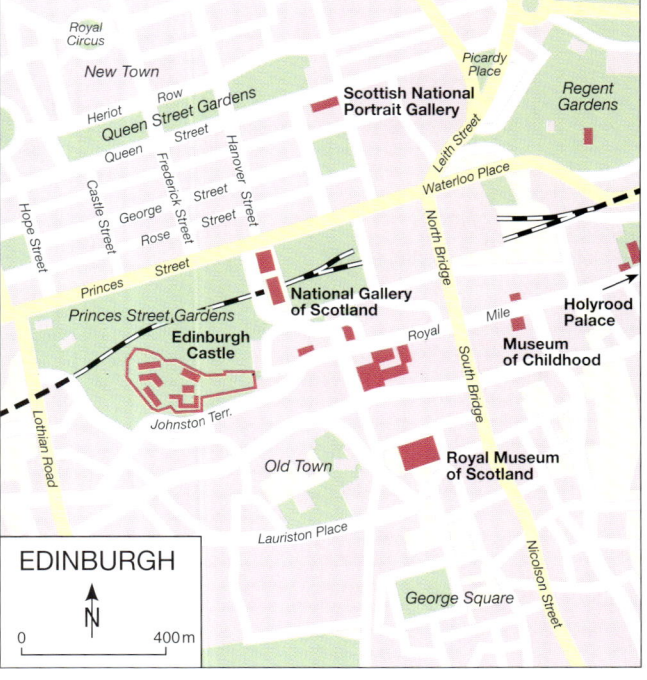

EDINBURGH

0   400 m

BERWICK UPON TWEED

In frischer Seeluft nimmt man in dieser alten Grenzstadt Abschied von England, bevor es hinüber ins Schottische geht. Für einen Rundgang auf den gut erhaltenen, massigen Festungsmauern, von denen sich ein schöner Blick auf Hafen und Meer bietet, sollte man den Wagen im Castlegate Car Park stehen lassen. Praktischerweise ist hier auch gleich das Tourist Information Centre zu finden, wo man noch mehr Wissenswertes erfahren kann.

Beschaulich geht es in Lincolns Altstadt zu.

EDINBURGH

Untrennbar mit dieser Stadt verbunden ist das Edinburgh International Festival. Seit es 1947 erstmalig stattfand, zieht das Festival regelmäßig ein Millionenpublikum an. Mittlerweile soll es sich dabei um die größte Kunstveranstaltung überhaupt handeln. Ob das tatsächlich stimmt, weiß niemand ganz genau. Fest steht jedenfalls, daß in Edinburgh jeden Sommer

Würdevoll: akademische Zeremonie in Cambridge.

drei Wochen lang der Ausnahmezustand herrscht. Orchester und Theatergruppen bespielen während dieser Zeit nicht nur alle verfügbaren Bühnen der Stadt, sondern auch Sportplätze und Gemeindesäle, ja selbst Straßen. Die Chancen sind also gut, wenigstens eine der ungezählten Aufführungen mitzuerleben. »The Festival« ist ein beinahe rauschhaftes Ereignis, mit dem Edinburgh immer wieder zweierlei unter Beweis stellt: seinen Rang als europäische Kulturhauptstadt und seinen weltläufigen Zukunftssinn. Für alle, die während der Festivalzeit in Edinburgh logieren wollen, heißt es, monatelang im voraus zu buchen.

Tips für unterwegs

MIT DEM ZUG FAHREN

Obwohl die Eisenbahn neuerdings ausgerechnet in ihrem Mutterland Imageverluste zu

St. John's College in Cambridge.

verzeichnen hat, ist das Bahnfahren noch immer sehr zu empfehlen. Die Hauptstrecken verbinden so gut wie alle britischen Großstädte miteinander, und sie tun es in einem Tempo, dem das Auto wenig entgegenzusetzen hat. Zwar werden Nebenstrecken aus Kostengründen immer weiter abgebaut, von den bislang verbliebenen Linien führen viele jedoch durch Gegenden von großer landschaftlicher Schönheit. Auf dem britischen Bahnnetz operieren

Londons Markenzeichen: die roten Doppeldeckerbusse, hier am Oxford Circus.

mittlerweile mehr als zwanzig verschiedene Gesellschaften. Zum Glück erkennen so gut wie alle auch Fahrkarten an, die man schon zu Hause im Reisebüro gekauft hat. Allerdings ist eine solche Vorbuchung nicht immer sinnvoll, oft gibt es vor Ort nämlich Sondertarife, von denen auf dem Kontinent niemand etwas weiß. Was wichtig ist: Obwohl bedeutende Verbindungen wie etwa die Strecke London-Edinburgh im Ein- bis Zwei-Stunden-Takt bedient werden, sind die Züge meistens recht voll. Darum ist eine Platzreservierung unbedingt notwendig, die man jedoch nur vor Ort vornehmen kann. Deshalb sollte man nach der Ankunft auf der Insel schnellstmöglich zu einem Fahrkartenschalter gehen, um einen Platz zu buchen – dieser Service ist kostenlos. Informationen über Fahrten mit dem legendären »Flying Scotsman« findet man im Internet: www.flyingscotsman.com.

SOUVENIRS

Schöne Mitbringsel aus Cambridge sind die Fossilien, die in den naturwissenschaftlichen Ausstellungen der Stadt, etwa im Museum of Zoology, zum Verkauf bereitgehalten werden. Wer es in Edinburgh versäumt hat, die dort gebrauten Biersorten »McEwan's« und »Younger's« in einem Pub zu probieren, kann sie auch als Souvenir in flüssiger Form mit nach Hause nehmen.

Alte Eiche im Sherwood Forest: Hier hat sich angeblich Robin Hood versteckt.

DER STEINIGE WEG IN DIE ELITE

Selbst wenn man ihren Studenten heutzutage nicht mehr unbedingt ansieht, daß die meisten aus besseren Kreisen stammen: Den beiden englischen Universitätsstädten Oxford und Cambridge eilt noch immer ein elitärer Ruf voraus. Und bis heute ist eine Ausbildung in »Oxbridge«, wie die Engländer sagen, die klassische Eintrittskarte für den gehobenen Staatsdienst. Die Studiengebühren sind ziemlich hoch, denn die Colleges sind private Einrichtungen, die sich selbst tragen müssen. Auch ist

das studentische Leben in ihnen straff durchorganisiert. Man wohnt und arbeitet dort, nimmt alle Mahlzeiten gemeinsam ein, treibt zusammen Sport und besucht auch den Gottesdienst mit allen anderen. Eigentlich verlassen die Studenten ihren Mikrokosmos nur, um Vorlesungen zu hören oder Examen abzulegen. Dies nämlich fällt beides in die Verantwortlichkeit der University, einer den Colleges übergeordneten Körperschaft.

Im Sommer warten die stillen Landschaften in den North West Highlands mit einem zauberhaften Farbenspiel auf.

Rundtour durch Schottland

ROUTE **6**

Äußerst vielgestaltig zeigt sich Großbritanniens nördlichster Teil: Kulturbegeistert und kosmopolitisch und sind die beiden Großstädte Edinburgh und Glasgow, karg und einsam die Highlands, wild und verwegen die zerklüfteten Küsten.

Im Land der Lochs, Bens und Glens

Der Gedanke an Schottland läßt sofort Bilder vor dem inneren Auge entstehen – von Schlössern und Burgen, von Hochmooren und Heidelandschaften, von Whisky und Wolle, Schottenrock und Dudelsack. Schottland ist ein Reiseland für wetterfeste und der Natur zugewandte Individualisten, die gern Feste feiern, Sinn für Traditionen haben, aber auch Stille und Einsamkeit zu schätzen wissen.

Das Schwert erhoben, den Blick fest auf den Gegner gerichtet: Bei den Highland Games werden mit Vorliebe Szenen aus der wechselvollen Geschichte des Landes nachgestellt. Dazu braucht man viele solch tapfere Krieger.

Zugegeben, die Versuchung ist groß, von Edinburgh aus gleich zügig auf der Autobahn gen Westen zu rollen. Um aber einen ersten Eindruck von den Lowlands, dem südschottischen Flachland, zu gewinnen, eignet sich die parallel verlaufende Straße viel besser. Vor dem Autofenster entfaltet sich ein Landwirtschaftspanorama: Kühe grasen, Hütehunde toben herum, und die Bauern sind mit hochbeladenen Wagen zwischen Feld und Scheune unterwegs. So eingestimmt, erreicht man *Glasgow*. Diese Stadt ist mitnichten, wie interessanterweise gern vermutet wird, nur die zweitgrößte Schottlands; mit rund 700 000 Einwohnern leben hier gut eine Viertelmillion mehr Menschen als in der Kapitale Edinburgh.

Lange Zeit eine Art industrielles Aschenputtel, hat die Stadt am Clyde eine erstaunliche Wandlung vollzogen und ist heute ein Zentrum für Ausstellungen und moderne Kunst. Der einfachste Weg in die City führt über den Stadtautobahnabschnitt der M 8; dort kann man den Wagen auf einem Parkdeck abstellen und den gut funktionierenden öffentlichen Nahverkehr nutzen. Wunderbar zu Fuß erkunden lassen sich zuerst einmal die innerstädtische Sauchiehall Street und die Merchant City. Dieses alte Warenhausviertel ist unter Wahrung seines äußeren Charakters in ein sehr schickes Einkaufs, Wohn- und Kunstzentrum umgewandelt

worden. Glasgows Kulturleben sprüht aber nicht nur hier vor Lebendigkeit. Auf einem soliden Fundament aus Tradition und Kunstverständnis, geschaffen etwa durch die überragende Burrell Collection, eine namhafte Sammlung, die rund 8000 Exponate der unterschiedlichsten Epochen und Kunstgattungen umfaßt, konnte sich in der Stadt eine unverwechselbare junge Szene etablieren.

Vor einigen Jahren wurde Glasgow zur »europäischen Kulturhauptstadt« erklärt. Daß dies aus gutem Grund geschah, unterstreichen auch ihre phantastischen Museen. Zwei davon muß man wenigstens gesehen haben: Art Gallery and Museum und Museum of Transport. Beide liegen nah beieinander im westlichen Stadtteil Kelvingrove. Die Kunstgalerie und das ihr angeschlossene Museum sind in einem imposanten Gebäude untergebracht und zum Verlaufen groß, die Vorzüge des Transportmuseums liegen in der überaus spannenden Aufbereitung des Themas in all seinen Facetten.

Eine »noble Wasserfläche«. Glasgow verdient ein bißchen Zeit, einplanen sollte man mindestens zwei Tage, dann aber geht es auf der A 82 nach Norden. Es dauert kaum eine Stunde, bis rechter Hand etliche Parkplätze zur Rast am größten britischen Binnensee, dem *Loch Lomond*, einladen. Für einen Zwischenstopp viel besser geeignet ist aber das hübsche Örtchen *Luss*, das mit seinen traditionellen Gehöften sogar schon als Filmkulisse gedient hat. Nach einem Blick auf den

In Schottland wird gern und viel getanzt.

Das eine ist ohne das andere kaum denkbar: Zu einem »richtigen« Dudelsackspieler gehört einfach ein Kilt.

»*Der Loch Lomond ist eine schöne noble Wasserfläche ... und die Inseln schwimmen auf ihm wie große Nymphäenblätter.*«

Theodor Fontane,
Jenseit des Tweed, 1860

Weite Felslandschaft auf der Skye-Peninsula: Trotternish nördlich von Portree.

Besiegte die Engländer 1314 in der Schlacht von Bannockburn: King Robert Bruce.

Viele Reisende kommen zum Wandern in die Cuillin Mountains auf die Isle of Skye.

knapp 1000 Meter hohen Ben Lomond biegt man bei Arrochar auf die schon etwas ruhigere A 83 ab. Sie windet sich zwischen Wasser und Fels hindurch bis in das winzige Städtchen *Inveraray*.

Im 18. Jahrhundert als Reißbrettsiedlung entstanden, hat sich Inveraray nach und nach zu einem beliebten Ausflugsziel entwickelt. Und in der Tat – außer dem an sich schon sehenswerten Gesamterscheinungsbild locken noch etliche Attraktionen Besucher an. Da sind beispielsweise das etwas abgelegene Inveraray Castle sowie das Maritime Museum. Es präsentiert mit der »Arctic Penguin« einen alten Dreimastschoner, der zu den weltweit letzten Schiffen mit Metallrumpf zählt, die noch fahrtüchtig sind. Ein ganz besonderer Publikumsmagnet aber ist Inveraray Jail: In dem restaurierten Gefängnis kann man zwischen lebensechten Puppen Platz nehmen, die, mechanisch angetrieben, in einer nachgestellten Gerichtsverhandlung heftig miteinander streiten. Auch lamentiert ein Gefangener in einer Originalzelle lautstark über sein Schicksal. Wer mag, kann sich hier selbst hinter Gitter begeben und fotografieren lassen. Der Aufenthalt in dem alten Gefängnis ist ein wirklich kurzweiliger Zeitvertreib. Das gilt vor allem, wenn schlechtes Wetter ist. Und in Inveraray regnet es oft, sehr oft sogar...

Prähistorische Entdeckungen. Nach Südwesten geht es weiter. Die Strecke folgt dem an dieser Stelle tief ins Land eingeschnittenen Loch Fyne. Links der Straße bieten sich immer wieder schöne Blicke über das Wasser. Kurz hinter Lochgilphead biegt man nach rechts ab. Die A 816 durchquert in vielen Windungen und reichlichem Auf und Ab das bedeutendste ur- und frühgeschichtliche Ausgrabungsgebiet Schottlands.

Viel schottisch Kariertes gibt es in der Fußgängerzone von Fort William – und nicht nur dort...

Jahrtausendealte Kammergräber und geheimnisvolle Reliefzeichnungen finden sich hier in Hülle und Fülle.

Das Kolosseum von Oban. Dieses verwunschene Reich verläßt man erst in *Oban* wieder. Der viktorianisch geprägte Fischerort ist eines der Tore zu den Hebriden. Von seinem Hafen aus steuern vollbeladene Fährschiffe alle nur denkbaren Richtungen an. In dem heiteren

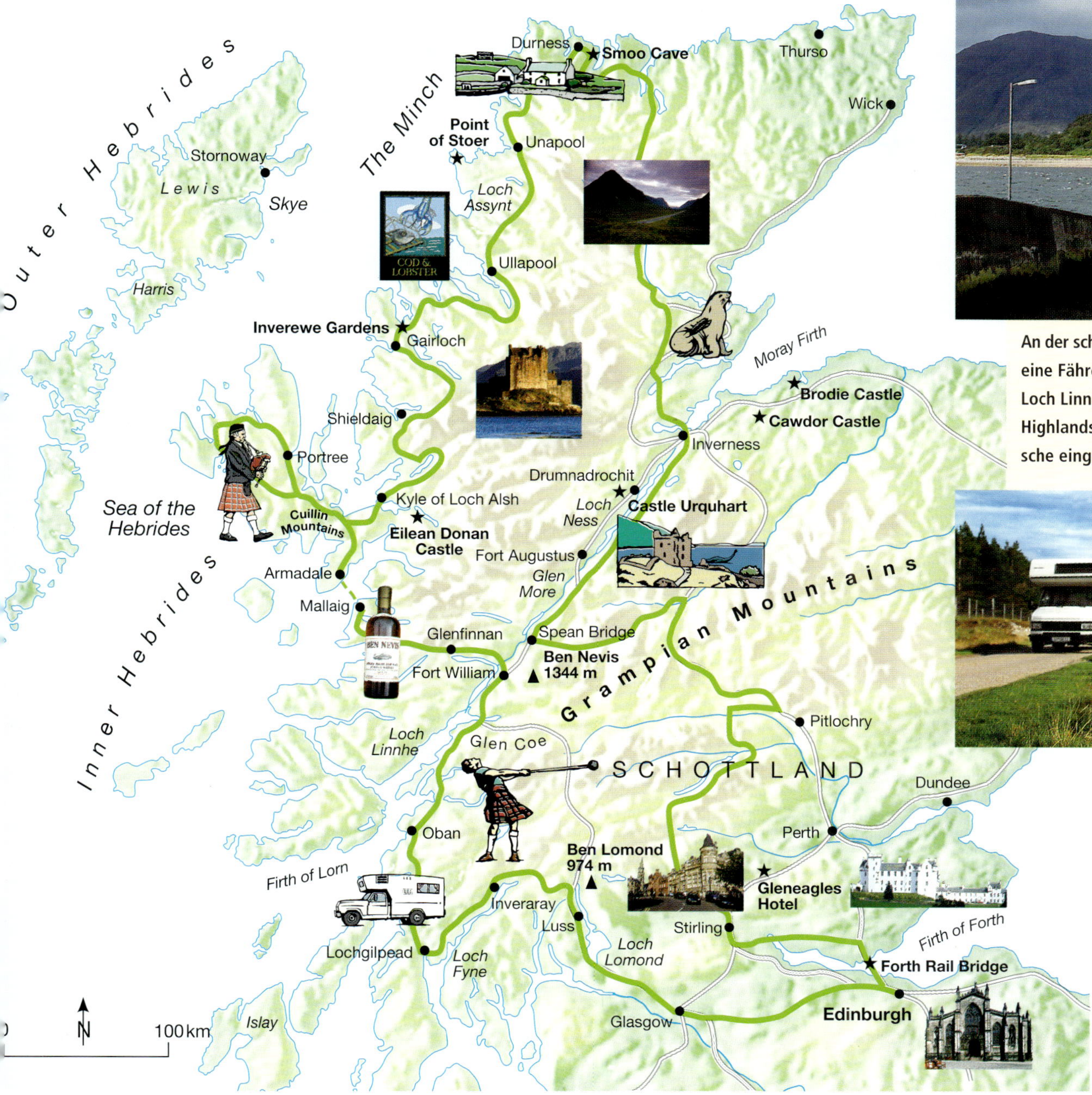

An der schmalsten Stelle bringt eine Fähre die Autos über den Loch Linnhe (oben). – In den Highlands ist man auf Deutsche eingestellt (unten).

Nachwuchssorgen kennt man bei den Glennfinnan Highland Games nicht.

nach ihrem Bauherrn, einem wohlhabenden Bankier, McCaig's Tower genannt. McCaig habe, so heißt es, mit dem Bauwerk seiner Familie ein Denkmal setzen und gleichzeitig die vielen Arbeitslosen des Ortes beschäftigen wollen. Leider starb der gute Mann vor der Fertigstellung, und so dient das Kuriosum heute vor allem dazu, eine schöne Aussicht hinüber zu den Inseln zu bieten.

Ausflug auf den Gipfel. An den Ausläufern der Grampian Mountains vorbei führt der Weg nach Norden nun in die Highlands, das schottische Hochland, und diese könnten sich kaum eindrucksvoller ankündigen als durch den schneebekrönten Gipfel des *Ben Nevis*. »The Ben« – so wird der Berg hier kurz und bündig genannt. Der Ben Nevis ist ein majestätischer Klotz von 1340 Metern und damit

Städtchen selbst fällt hoch über dem Ort vor allem eine Nachbildung des römischen Kolosseums seltsam ins Auge. Diese architektonische Narretei wird

Mit 1400 Einwohnern ist Portree die größte Siedlung auf der Isle of Skye.

121

der höchste seiner Art in Großbritannien. Wie eine Bühnenkulisse erhebt er sich über den schmalen Straßen von *Fort William*. Die kleine Stadt schmiegt sich auf

Oban ist schon seit über zweihundert Jahren ein bedeutender Urlaubsort (oben).

Glennfinann Highland Games: Mädchen tanzen den »Highland Fling« (Mitte). – Der Strand bei Mallaig ist abends still und menschenleer (unten).

der einen Seite noch ans Ufer des Loch Linnhe, während sie auf der anderen bereits ganz dem Gipfel huldigt. Über die Geschichte der Region informiert das West Highland Museum, es ist sozusagen für das theoretische Rüstzeug zuständig. Die Praxis folgt jedoch auf dem Fuß, was in diesem Fall wörtlich zu nehmen ist: Einige Kilometer hinter der Ortsausfahrt sollte man das Auto parken und sich für eine Weile auf seine natürlichen Fortbewegungsmittel besinnen: Auf langgestreckten Zickzackpfaden beginnen die verschiedenen Klettertouren hinauf auf den Ben Nevis – natürlich mit dem entsprechenden Schuhwerk, wetterfester Kleidung und guter Kondition. Begleitet vom Blöken verlorener Schafe läßt man Schritt für Schritt die Zivilisation hinter sich, um nach etlichen Stunden hoch oben auf dem Gipfel für alle Mühen belohnt zu werden: Zu Füßen breitet sich nichts als wildes, herbes Schottland aus, durchsetzt mit Nebelfetzen und fernen Seestücken, und ein tiefes Gefühl von Ungebundenheit und Frieden stellt sich ein.

Den Naturgewalten trotzend. Wie eng wirkt doch im Vergleich dazu die nächste Station am Endpunkt der Stichstraße 830: Zwischen Granitblöcke gezwängt ist *Mallaig* der Umschlagplatz für alle Besucher und alle Güter, deren Ziel die *Isle of Skye* ist. Die Ankunft des Fährschiffes kündigen schon von weitem kreischende Möwen an, und es wird Zeit, die kleine Meeresausstellung Marine World zu verlassen und sich am Anleger einzufinden.

Vom »eigentümlichen Zauber«
des Loch Leven war schon
Theodor Fontane auf seiner
Schottlandreise begeistert
(großes Bild). – Ein weiter
Blick auf den Loch Shiel und
den Glenfinnan Viadukt (oben)
eröffnet sich vom Glennfinnan
Monument aus (unten).

Eine halbe Stunde tuckert die Fähre dann
wacker gegen die Wellen an, bis sie in
Armadale einläuft. Dies ist ein Ort, der
den Charakter der Insel sofort sinnfällig offenbart: Schroffes Gestein, moosig-
feuchte Ebenen und ausgefranstes Klein-
gestrüpp bestimmen das Bild. Was immer
sich hier hält – ob Mensch, Tier oder
Pflanze – muß in erster Linie störrisch
sein. Anders ließe sich den Unbilden der
Natur, dem Sturm und dem häufig fast
waagerecht hereindreschenden Regen
kaum widerstehen.

Der rauhe Vorposten Schottlands hat seinen eigenen herben Reiz, der in der Saison zahlreiche Touristen anlockt. Skye
gehört zu den bedeutenden keltischen
Kulturgebieten, noch fast jeder zweite Bewohner spricht hier die alte Sprache
Scots Gaelic, die mit dem Englischen absolut nichts gemein hat.

Generell gilt auf Skye, daß das Lebens-
tempo stark von der Natur und ihren Ge-
walten beeinflußt wird und die Uhren einfach ein bißchen langsamer gehen als
anderswo.

Stilvoll: der Glasgower Pub
»The Counting House« (links
oben). – Die Art Gallery and
Museum im Stadtteil Kelvin-
grove hat eine einzigartige
Kunstsammlung (oben).

Von Bergen und Heide umgeben: der fischreiche Loch Assynt
südlich von Ullapool (unten).

Hoch im Norden: enge Straßen
durch karge Landschaft (oben).
Fischerboot in Ullapool (unten).

Auf kurviger Küstenstraße. Vielleicht
war das Ausgesetztsein der Insel auch
einer der Gründe dafür, sie irgendwann
doch mit einer Brücke anzubinden. Über
sie gelangt man bei Kyle of Lochalsh wieder zurück aufs Hauptland – von Festland
läßt sich hier ja nicht sprechen. Bis zum
nächsten Etappenziel sind es von dort
aus nur 90 Kilometer Luftlinie, aber die
Straße muß sich einmal mehr dem ge-
zackten Verlauf der Küstenlinie beugen,
so daß sie gut das Dreifache an Kilometern für die Distanz benötigt. Dafür um-
kurvt sie auf dem Weg nach Gairloch
wundervoll einsame Buchten mit weißen
Stränden und bizarren Sandsteinfelsen,
auch lassen sich Dutzende von Leuchttür-
men zählen. Für schwache Mägen ist die
Fahrt mitunter keine so große Wonne,
wohl aber für die Augen, die sich kaum
sattsehen können.

Erst das hübsche Fischerdorf *Ullapool*
markiert dann wieder so etwas wie ein
Zentrum im Nordwesten und wartet mit
allem auf, was man am Ende einer ausgedehnten Tagesreise benötigen könnte: mit
Tankstelle und Supermarkt, mit Postamt,
Wäscherei und gemütlichen Pensionen.
Von August bis in den November hinein
dauert die Makrelen- und Heringssaison,
während der es in Ullapool besonders
lebhaft zugeht. Noch immer zählt der malerisch am Nordufer des Loch Broom gelegene Ort mit seinen weißen Häuschen
zu den wichtigsten Fischereihäfen des
Landes. Auch verkehrt von hier aus eine
Fähre hinüber zur Insel Lewis.

Einsamer Norden. Die Gefilde entlang
der A 835/838 bis zur Nordküste zeigen
sich gleichermaßen reizvoll wie menschenleer – wobei das eine mit dem anderen für streßgeplagte Stadtmenschen ja
durchaus zusammenhängt. Seltene See-
vögel sind jetzt oft die einzigen Begleiter,
manchmal ruht sich auch eine Kuh einfach mitten auf der Straße aus.
Geographisch gesehen ist hier bereits fast
die Höhe von Oslo erreicht – die Luft ist
entsprechend frisch. Auch im Hochsom-
mer kommt daher in einem Seeort wie
Durness der Pullover häufig zum Einsatz.

An der Promenade von Ullapool recken schmucke weiße
Häuschen ihre Dächer in die
Sonne (großes Bild). – Point
of Stoer: Ein Leuchtturm weist
den Schiffen ihren Weg (oben).

Fehlen darf er auch nicht, wenn man die größte Attraktion der Gegend besichtigen will: *Smoo Cave.* Das Meer hat diese Höhle nach und nach in den Kalkstein gespült. Ihr Inneres läßt sich per Schlauchboot erkunden, was recht abenteuerlich ist. Die prächtig illuminierten Wände der Felsgewölbe und ein durch die Höhlendecke herabstürzender Wasserfall entschädigen dafür aber voll und ganz.

Etwa 80 Kilometer weiter im Osten treffen unweit von Thurso Atlantik und Nordsee aufeinander, und mitten in diesen oft turbulenten Wassern liegen die Orkney-Inseln. Die Route führt jedoch von Durness aus mitten durch die Einsamkeit der nördlichen Highlands wieder gen Süden. Irgendwann und ganz allmählich wird der Verkehr dichter. Nach der Abgeschiedenheit des Hochlands spürt man diese Veränderung besonders intensiv. Sogar einen Zipfel Autobahn nimmt der Wagen noch unter die Räder, bevor er wieder in eine »richtige« Stadt hineinrollt.

Von Delphinen... *Inverness*, die Drehscheibe des Nordens, befindet sich genau dort, wo der Fluß Ness in den weiten Moray Firth mündet. Das ist ein sehr reizvoller Anblick, doch diese strategisch bedeutsame Lage hat der Stadt in ihrer

Geschichte immer wieder Angriffe und Brandschatzungen eingetragen. Es überrascht also kaum, daß eine Festung, Inverness Castle, den Ort überragt. So wie man sie heute sieht, entstammt sie

In den Inverewe Gardens gedeiht dank des Golfstroms eine Vielzahl von Pflanzen, die man dort kaum vermuten würde.

Fortsetzung Seite 130

– Scotch Whisky – Irish Whiskey –

Das Wasser des Lebens

*D*er Whiskey verdankt seine Existenz, will man der Legende Glauben schenken, Mönchen aus dem Mittelmeerraum. Diese wußten schon früh, daß man durch Erhitzen vergorener Flüssigkeiten Alkohol destillieren kann, und sie setzten dieses Verfahren vor allem zur Herstellung von Parfümalkohol ein. Als die Mönche im 6. Jahrhundert in Missionsabsichten nach Irland kamen, brachten sie auch das Wissen um die Alkoholgewinnung mit. Ihren irischen Brüdern freilich ging es weniger um Wohlgerüche – sie tranken die gewonnenen Destillate einfach, fühlten sich wunderbar und nannten sie fürderhin »Uisge beatha«, Wasser des Lebens. Whiskey wurde daraus einige Jahrhunderte später, als englische Soldaten in Irland einfielen und das Gebräu kennen- und schätzenlernten. Sie sollen es auch gewesen sein, durch die

Fort William: Die Keller der Ben Nevis Distillery sind wohlgefüllt (oben, großes Bild). – Wie in vergangenen Zeiten: die Old Jameson Distillery in der irischen Grafschaft Cork (Mitte und unten). – Reifetest bei Old Bushmills, Nordirland (rechts).

die Kunde von dem sagenhaften Getränk schließlich Schottland erreichte. Dort hat man sich dann selbst – höchst erfolgreich – an dieser hochprozentigen Mischung versucht. Irischer Whiskey (mit »e«) und schottischer Whisky (ohne »e«) unterscheiden sich nicht nur in der Schreib-, son-

dern auch in der Herstellungsweise. Für einen guten irischen Whiskey braucht es auch heute nicht mehr als Gerste, kristallklares Wasser und Hefe. Die gemälzte Gerste wird in großen, geschlossenen Öfen getrocknet. Nach dreimaligem Destillieren in riesigen Kupferkesseln folgt die Lagerung

In den »pot stills«, den Brenn-
blasen, wird der Whisky destilliert (oben). – Daß in diese
Flasche schottischer Whisky
gehört, versteht sich von
selbst (rundes Bild). – Whiskyherstellung mit langer Tradition: Filiale der Long John
Distillery (links unten).

VON KLASSISCHEN MARKEN
UND SCHWARZEN BRÄNDEN

Bei Scotch tauchen neben weltweit
klingenden Namen wie Dimple,
Haig oder Glenfiddich immer wieder einmal neue Whiskymarken im
Angebot auf, die sich auf dem Markt
zu behaupten versuchen. Die Zahl irischer Whiskeys ist dagegen überschaubar:
Jameson, Paddy und Bushmills decken den In-
landsbedarf, während Tullamore Dew in erster
Linie für den Export produziert wird.

Sowohl in Irland wie in Schottland wird auch
heute noch fleißig schwarz gebrannt. Auf diese
Weise umgehen die Bauern in abgelegenen Regionen die hohe Alkoholsteuer. Die schwarzen
Brände, die naturgemäß keinerlei Kontrolle un-
terliegen, sind ebenso berühmt wie berüchtigt
und meist von anständiger Qualität – schließlich
kann man auf jahrhundertelange Erfahrungen
zurückgreifen. Es kommt aber auch immer wieder vor, daß etwas schiefgeht – was nicht ab-
sehbare gesundheitliche Folgen haben kann.
Da ist man mit einem gediegenen, wenngleich
etwas teureren offiziellen Brand schon auf der
sichereren Seite.

in Eichenfässern. Mindestens drei, vielfach auch sechs oder zehn Jahre läßt man
dem Whiskey Zeit, um zu reifen. Kennzeichnend für einen schottischen Malt
Whisky ist, daß das Gerstenmalz über offenen Torffeuern getrocknet wird, was ihm
sein charakteristisches rauchiges Aroma
verleiht. Im Gegensatz zum klassisch irischen wird der schottische Whisky nur

zweimal destilliert.
Unter einem echten
Scotch versteht man je-
doch auf der ganzen Welt
den sogenannten Blended
Whisky, kurz »Blend« genannt. Er wird
aus verschiedenen Destillaten komponiert,
die neben Gerstenmalz auch aus anderen
Getreide gewonnen sein können.

Diente als Kulisse für den Film »Highlander«: das Bilderbuchschloß Eilean Donan Castle.

Castles in Fülle: im Salon von
Brodie Castle (oben), Cawdor
Castle (Mitte) und Urquhart
Castle am Loch Ness (unten).

zwar dem 19. Jahrhundert, doch steht die Burg auf den Fundamenten älterer Befestigungsanlagen, die sämtlich zerstört wurden. In den Gemäuern erinnert heute eine Ausstellung an jene martialischen Zeiten. Im Sommer gibt es sogar ein historisches Theaterspektakel, bei dem Schauspieler das Soldatenleben des 18. Jahrhunderts nachstellen.

Der Höhepunkt eines Besuches in Inverness ist jedoch das Dolphin Spotting, das Beobachten von Delphinen. Es ist kaum zu glauben, aber vor der Küste lebt eine etwa hundert Tiere umfassende Herde von Flaschennasendelphinen. Die größten Exemplare sind an die 4 Meter lang. Man kann den erstaunlich zahmen Meeressäugern beim heiteren Spiel mit ihren Artgenossen zusehen. Am besten dazu geeignet ist die Kessock Bridge, knapp 2 Kilometer nördlich der Stadt gelegen. Dort befindet sich auch ein »Horchposten« der Universität Aberdeen, wo es möglich ist, den Gesängen der Tiere per Hydrophon zu lauschen.

…und Ungeheuern. Ob intensives Hinhören oder genaues Hinsehen im weiteren helfen, muß dahingestellt bleiben. In jedem Fall regt *Loch Ness* die Phantasie an, und selbst der abgeklärteste Reisende ertappt sich irgendwann dabei, daß er nach dem legendären Seeungeheuer Nessie Ausschau hält.

Um Vorstellungskraft und schöne Landschaftseindrücke zu verbinden, wählt man am besten die südöstlich vorbeiführenden Nebenstraßen B 862 und B 852. Von dort aus eröffnet sich der Blick auf die geheimnisvolle Schwärze des stellenweise über 300 Meter tiefen Sees aus leicht erhöhter Warte. Die Berge des

Der Caledonian Canal verbindet Atlantik und Nordsee. Eine der 29 Schleusen passieren Freizeitkapitäne bei Fort Augustus (oben). – Erste Adresse für Kilts und Tartanstoffe: das Geschäft der Chisholms in Inverness (großes Bild).

Mal niedlich, mal fürchterlich: Nessie als Schmusetier und Ungeheuer (oben und unten).

EIN WUNDERBARER WOLLSTOFF

Aus Mitleid soll Lady Dunmore auf der Insel Harris Mitte des 19. Jahrhunderts armen schottischen Bauern einen eigentümlichen Wollstoff abgekauft haben, der schwer, rauh und haarig war. Weil sich das dichte Gewebe als ausgesprochen wetterfest erwies und außerdem noch vorzüglich wärmte, eignete es sich bestens zur Herstellung von Jagd- und Farmbekleidung. Echten Harris-Tweed erkennt man an seinem roten Emblem, das eine Weltkugel mit Malteserkreuz zeigt. Auf Harris sind mehr als tausend Menschen mit der Tweedherstellung beschäftigt, die noch immer ganz traditionell vonstatten geht – das ist man seinen Kunden einfach schuldig. Der grobe Stoff wird auf Tretwebstühlen gewebt, und zum Färben finden ausschließlich naturbelassene Pflanzenextrakte Verwendung.

gegenüberliegenden Ufers spiegeln sich im Wasser, und nichts erinnert hier an den wilden Nessie-Rummel, der drüben bei Drumnadrochit veranstaltet wird – mit etlichen Monsterausstellungen, ganzen Bootsverbänden und diversen Pappungeheuern. Friedlich und ungestört legt man die 35 Kilometer zurück, die Loch Ness der Länge nach mißt, es sei denn, jemand meint, er habe zwischen den Wellen gerade etwas Merkwürdiges aufblitzen sehen…

Monumental: Inverness Castle aus dem 19. Jahrhundert.

131

Ein abgerichteter Falke kehrt immer wieder zurück (oben). An Weideland für die Highland-Rinder herrscht kein Mangel (Mitte).

Schön bestrumpft (oben). In Stirling Castle lebte Maria Stuart (rechts).

Wo Schottlands Herz schlägt. Mit den Gedanken noch bei Nessie geht es weiter ins wasserreiche Tal Glen More. Bei *Spean Bridge* leitet eine bergige Strecke den Wagen durch die Grampian Mountains hinüber zur altbekannten A 9, die ihrerseits über zahlreiche Pässe wieder zu Tal führt.

Mit der 37 000-Einwohner-Stadt *Stirling* wartet ein weiterer touristischer Leckerbissen. Also: Rasch die Parkuhr gefüttert, und los geht's. Stirling, dessen Münzprägestätte einst dem britischen Pfund seinen Namenszusatz gab, wird gern als Klein-Edinburgh bezeichnet. Für die Stirlinger selbst ist ihre Stadt aber nichts anderes als das »Herz Schottlands«.

Die kopfsteingepflasterten Gassen sind winklig verschachtelt und ideal, um sich einfach ein bißchen treiben zu lassen. Wie von selbst gelangt man auf diese Weise in das Viertel Old Town, in dem die Zeit im 16. Jahrhundert stehengeblieben zu sein scheint.

Am Fuß der Highlands inmitten herrlicher Natur liegt das »Gleneagles Hotel« mit seinen weltbekannten Golfplätzen (großes Bild). – Jedes der 229 Zimmer ist stilvoll eingerichtet (oben). – Aus Loch Tummel bei Pitlochry lugen kleine Inseln hervor (Mitte). – Mitunter kommt man nur mit Geländewagen weiter (unten).

Auf den Spuren Maria Stuarts. Die Schritte erzeugen einen Widerhall, und zur vollen Stunde dröhnt mächtig die Glocke der Church of the Holy Rude. In diesem Gotteshaus wurde, neun Monate alt, 1543 Maria Stuart zur Königin von Schottland gekrönt. Sowohl sie als auch ihr Sohn verbrachten auf Stirling Castle ihre Kindheit. Gibt man sich der Atmosphäre ein wenig hin, so stellt sich nach einer Weile das Gefühl ein, alles atme hier Geschichte. Was hat Maria Stuart seinerzeit gesehen? Ist auch sie den ringförmigen Back Walk entlanggegangen, der hoch hinauf zur Burg auf den Felsen führt? Hat auch ihr Blick dort geruht, wo sich das abfallende Land am Horizont in einer Meeresbucht verliert? Dort nämlich soll diese Rundfahrt enden.

Eine wahre Meisterleistung. Weniger als eine Stunde ist man noch unterwegs, bis sich Edinburgh wieder zeigt. Doch vor der Rückkehr dorthin zieht noch etwas anderes alle Aufmerksamkeit auf sich:

Es ist die markante, 1890 fertiggestellte Eisenbahnbrücke *Forth Rail Bridge* über den Firth of Forth. Dieses imposante technische Wunderwerk war eine wirkliche Weltsensation, denn hier kam erstmals das alte Prinzip der Hängebrücke für den schwergewichtigen Eisenbahnverkehr zur Anwendung. Mit einer Länge von 2,5 Kilometern überspannt das Ungetüm den Meeresarm des Forth an seiner engsten Stelle. Während des Baues starben 58 Arbeiter, mehr als 50 000 Tonnen Stahl wurden verbraucht, und bis die ganze Brücke einmal komplett neu gestrichen ist, dauert es auch seine Zeit. Doch abgesehen von den blanken Zahlen: Die Forth Rail Bridge sieht einfach imposant aus, und sie ist in ihrer kraftvollen Ruhe zugleich ein symbolträchtiger Abschied: Schottland – »Beannachd leat«, Segen sei mit dir.

Planen und erleben...

Die Highlights

GLASGOW

Glasgows Museen genießen internationales Ansehen, und auch seine Musikszene ist legendär. Kurzum: An Glasgow führt kein Weg vorbei. Die Sehenswürdigkeiten liegen allerdings recht weitläufig im Stadtgebiet verstreut, so daß man nicht alles zu Fuß bewältigen kann. Es existiert ein U-Bahnsystem mit 15 Stationen, das durch Busse und Vorortzüge sinnvoll ergänzt wird. Mit einem »Day Tripper Ticket« darf man all diese Verkehrsmittel einen ganzen Tag lang nutzen. Parallel dazu verkehren zwischen den Hauptattraktionen der Stadt »Jump-on/jump-off«-Busse. Sie haben den Vorteil, daß man problemlos überall hinkommt, ohne sich selbst orientieren zu müssen.

BEN NEVIS

Wie viele Berge Großbritanniens wirkt auch der Ben Nevis besonders steil und hoch, weil er fast ab Meeresniveau aufragt. Genau diese Wassernähe ist aber nicht unproblematisch, denn nahezu bei jedem Aufstieg erlebt man mit, daß das Wetter umschlägt. Mitten im Sommer können die Temperaturen auf dem Gipfel bis auf den Gefrierpunkt abfallen. Ohne warme, wetterfeste Kleidung geht also gar nichts. Auch Karte und Kompaß dürfen nicht fehlen. Für die Besteigung sollte man unbedingt einen ganzen Tag einplanen. Telefonische Auskünfte zur aktuellen Wettersituation erteilt die Rettungsstation Lochaber (0 13 97/70 43 40).

ISLE OF SKYE

Zwar kann man die Hebrideninsel gut an einem Tag erkunden, ein längerer Aufenthalt ist jedoch durchaus lohnend. Im Süden warten die Cuillin Mountains auf bergerfahrene Wanderer – ihre Gipfel erreichen eine Höhe von bis zu 1000 Metern.

Wem das Auto als Fortbewegungsmittel doch lieber ist, sei auf die Panoramastraße rund um die Skye-Halbinsel Trotternish verwiesen, die wunderschöne Ausblicke gewährt und an einigen eigenwillig geformten Felsen vorbeiführt. Achtung: Auf Skye wird die Sonntagsruhe strikt eingehalten.

INVERNESS

Ihre relativ begrenzte Zahl an Sehenswürdigkeiten – im herkömmlichen Sinn – macht die Stadt durch die höchst attraktive Lage am Wasser vollauf wett. Spaziergänge entlang des Flusses Ness erfreuen sich deshalb ebenso großer Beliebtheit wie Bootsfahrten im Moray Firth, dem bis nach Inverness hineinreichenden Meeresarm. Die beste Zeit zum Beobachten der Delphine ist eine Stunde vor der Flut, weil dann die Strö-

Imposant ist die Eisenbahnbrücke über den Firth of Fourth.

»Backpiper« im berühmten Glen Coe östlich des Loch Linnhe.

↓	ENTFERNUNGEN	↑
km	**Edinburgh**	1456
	75 km	
75	**Glasgow**	1381
	277 km	
352	**Fort William**	1104
	365 km	
717	**Gairloch**	739
	205 km	
922	**Durness**	534
	192 km	
1114	**Inverness**	342
	20 km	
1134	**Loch Ness**	322
	260 km	
1394	**Stirling**	62
	62 km	
1456	**Edinburgh**	km

Hält sich für die geographische Mitte Schottlands: Pitlochry.

Auf dem Weg zum Point of Stoer.

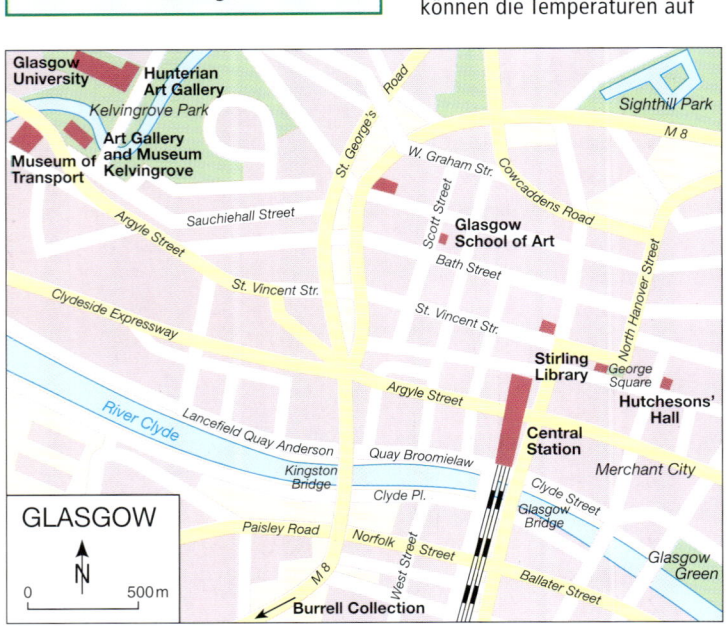

GLASGOW

Kleines Cottage im Glen Coe.

mungsverhältnisse den Tieren größtmögliche Ufernähe gestatten. In der Tagespresse sind die Gezeiten (»high tide/low tide«) genau verzeichnet.

Wer eine Vorliebe für schottische Folklore hat, kommt im Sommer allabendlich auf seine Kosten: Um 19.30 Uhr bringt auf der Burgterrasse ein Dudelsackspieler im Kilt seine Künste publikumswirksam zu Gehör (Videokamera und Fotoapparat bereithalten).

LOCH NESS

Die Suche nach dem Ungeheuer von Loch Ness währt – mit zweifelhaften Ergebnissen – schon rund siebzig Jahre. Mit Fertigstellung der A 82 am Nordwestufer des Sees im Jahr 1933 begann ein regelrechter Nessie-Boom. Da es an der vielbefahrenen Strecke kaum Parkbuchten gibt, sollte man sie tunlichst meiden. Ruhiger und landschaftlich erheblich beeindruckender sind die alten Militärstraßen auf der südöst-

lichen Seite. Und die Chancen, das scheue Monster zu sichten, sollen hier auch um einiges besser stehen…

STIRLING

Das bunte Treiben in den Straßencafés und Kneipen wirkt vor den mittelalterlichen Häuserfronten, die Stirlings Stadtkern schmücken, besonders heiter. Auch als Ausgangspunkt zur Erkundung der Trossachs, dem westlich gelegenen Seengebiet, ist die Stadt zu erwägen.

Zu der Landzunge von Shieldaig führt ein ausgeschilderter Wanderweg.

Tips für unterwegs

ON THE ROAD

Je weiter sich die Straßen hinauf in den schottischen Norden ziehen, um so schmaler und kurviger werden sie. Auch gibt es hier links und rechts der Straße kaum Haltebuchten mehr. Gerade an den unübersichtlichsten Stellen muß man auf Gegenverkehr gefaßt sein, und auch darauf, daß sich dieser ziemlich weit in die Fahrbahnmitte bewegt. Plötzlich von der Straße

auf den Seitenstreifen abzurutschen, ist aber meist noch keine Katastrophe. Wichtig ist, den Wagen fest auf Kurs zu halten und gefühlvoll zu bremsen. Der landwirtschaftliche Verkehr genießt in Schottland eine gewisse Narrenfreiheit. Weil Überholmanöver lebensgefährlich sein können, bleibt man am besten hinter den Fahrzeugen und hofft, daß sie irgendwann abbiegen. Mit einer solchen Einstellung reist es sich sowieso am entspanntesten.

Edinburgh: Die Old Town liegt südlich des Boulevards Princes Street.

Im Hafen des am Loch Broom gelegenen Städtchens Ullapool.

SOUVENIRS

Für seine Tartan-Textilien in den typischen Schottenkaros berühmt ist Kiltmakers in Inverness (4–9 Huntly Street). Komplette Kilts haben allerdings, ebenso wie Dudelsäcke, ihren Preis: Sie können bis zu 1000 Pfund kosten. Preiswertere Souvenirs sind Schaffelle und CDs mit Dudelsackmusik.

KRÄFTEMESSEN NACH SCHOTTISCHER ART

Allsommerlich wird in Schottland etwas ebenso Uriges wie Unterhaltsames zelebriert: Muskelbepackte Männer von schrankähnlicher Statur messen ihre Kräfte. Die Rede ist von den Highland Games, den Hochlandspielen. Anders als der Name vermuten läßt, finden diese traditionellen Wettkämpfe längst nicht mehr nur in den Bergen, sondern landesweit statt. Von Mai bis September gehen die mitwirkenden Recken regelrecht auf Tournee, und man sollte sich ihre spektakulären Vorführungen keinesfalls entgehen lassen. Da wäre zum Beispiel die Disziplin »Lifting the Weight«: Mit gefährlich angeschwollenen Halsschlagadern hieven Muskelprotze – mit Kilt und freiem Oberkörper – ein Gewicht bis zu einer vorgeschriebenen Höhe, um es dann krachend wieder fallen zu lassen. Beim »Putting the Stone« gilt es, einen veritablen Felsbrocken durch die Luft zu schleudern. Der unbestrittene Höhepunkt der Wettkämpfe ist jedoch »Tossing the Caber«: Aus dem Lauf heraus muß ein etwa 6 Meter langer Baumstamm so geworfen werden, daß er sich einmal der Länge nach überschlägt. Gelingt dieses Kunststück, ist das Publikum vor Jubel kaum mehr zu halten.

Der Atlantik vor der Wohnwagentür: Campingplatz in Durness.

In der Bibliothek des Trinity College in Dublin wird das »Book of Kells« aufbewahrt, eine farbenprächtig illustrierte Handschrift aus dem 9. Jahrhundert.

Von Dublin
ins südliche Irland

Palmen, Fuchsienhecken, Rhododendren und Agaven – viele Irlandreisende zieht es magisch in den Südwesten, der, vom Golfstrom beeinflußt, eine fast mediterrane Ausstrahlung hat. Traumhaft schön ist es hier vor allem im Frühling.

Wilde Strände und altes Gemäuer

Idyllische Plätze, herrliche Gärten, mittelalterliche Kloster- und Festungsanlagen, spektakuläre Steilklippen – dazu eine so charmante Stadt wie Cork und die sich weit ins Meer hinauswagenden Halbinseln im klimatisch verwöhnten Südwesten. Allen, die in diesem serpentinenreichen Teil Irlands unterwegs sind, ist eines ganz besonders zu wünschen – genügend Zeit.

Ohne die »fiddle« ginge es in der irischen Volksmusik nicht. Um ihr die typischen Klänge zu entlocken, muß der Bogen in einer speziellen Art und Weise geführt werden.

Dublin läßt Reisende nur ungern los. Besonders wer am Wochenende aus der Stadt heraus will, kommt im allgemeinen Ausflugsverkehr nur gemächlich voran. Dafür läßt sich die nähere Umgebung um so genauer betrachten – zum Beispiel die Dubliner Hausberge, die *Wicklow Mountains*. Dieser markante Höhenzug mit seinem spitz aufragenden Zuckerhutberg Sugar Loaf Mountain ist schon von weitem zu sehen. Nach einer halben Stunde Fahrt auf einer kurvenreichen alten Militärroute ist die pittoreske Ortschaft *Enniskerry* erreicht. Ihre schmucken Häuser entstanden einst als eine Art Entree zum unmittelbar benachbarten Anwesen *Powerscourt*. Dieser vielbesuchte Landsitz verfügt nicht nur über eine Anlage mit den verschiedensten Gartentypen, sondern auch über einen eigenen See, einen höchst originellen Haustierfriedhof und mehrere öffentlich zugängliche Gewächshäuser. Zudem kann man hier den mit 130 Metern höchsten Wasserfall Irlands bewundern.

Wieder auf der abenteuerlich schmalen Bergstraße, wartet als nächste Station bereits *Glendalough*. Das »Tal der zwei Seen«, wie der Name übersetzt lautet, beherbergt die Reste eines Klosters, dessen Anfänge in das 7. Jahrhundert zurückreichen. Insgesamt handelt es sich um sieben Kirchen, einen Rundturm und das ehemalige Torgebäude. Anlagen wie diese festigten einst Irlands Ruf als Insel der Heiligen und Gelehrten. Heute bildet das Gelände häufig den Ausgangspunkt für eindrucksvolle Wanderungen durch den angrenzenden Wicklow Mountains National Park.

Über den Wicklow Paß führt nun der Weg Richtung Westen, wobei die atemberaubenden Ausblicke für die vielen Serpentinen vollauf entschädigen. An ihrem Rand gehen die Wicklows dann relativ unvermittelt in flaches Land über. Hier wird offenbar, warum die Insel oft mit einem Teller verglichen wird: außen erhoben und in der Mitte eben.

Ein königlicher Felsen. Vorbei an ausgedehnten Weideflächen gelangt man alsbald in jenes Städtchen, das vor allem durch die gleichnamige Biersorte bekannt wurde: *Kilkenny*. Obwohl Oliver Cromwell (1599–1658) hier mit Brand und Verwüstung einfiel, blieb das geschlossene mittelalterliche Erscheinungsbild des Ortes gut erhalten – Kilkenny ist zweifellos eines der reizvollsten Städtchen Irlands. Als alles beherrschendes Bauwerk fällt zuerst die viertürmige Burg ins Auge. Sie liegt oberhalb des Flüßchens Nore und besitzt außer einer Gemäldegalerie auch einen hübschen Landschaftspark. Im Sommer wird hier zudem ein reichlich frequentiertes Restaurant betrieben. Die andere Dominante Kilkennys ist die St. Canice Cathedral. Auf dem Gelände dieses ehemaligen Bischofssitzes steht ein noch völlig intakter, etwa tausend Jahre alter Rundturm, den zu besteigen

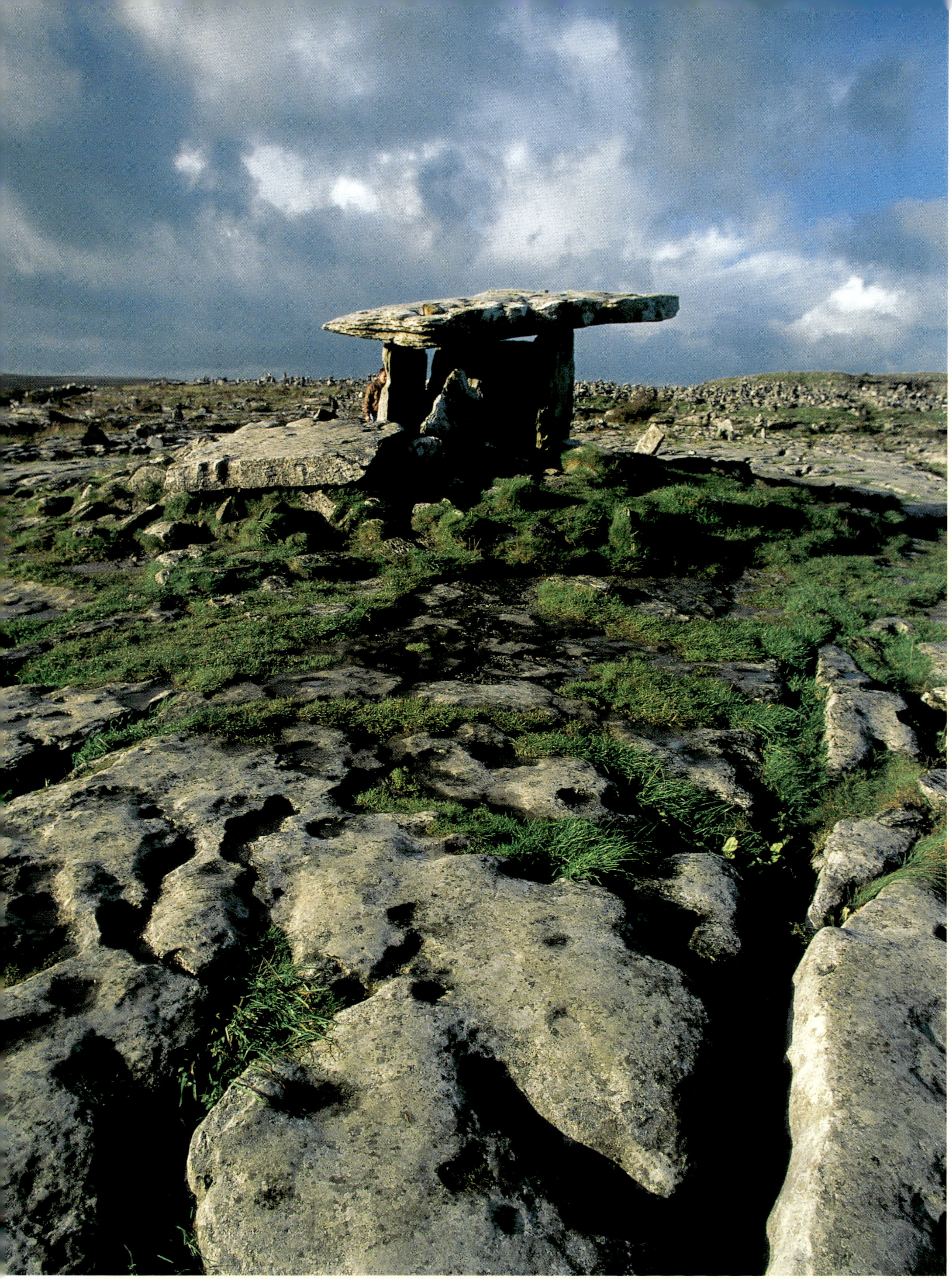

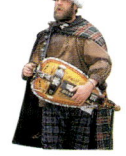

Leicht schräg ruht der mächtige Deckstein auf dem Poulnabrone Dolmen in der karstigen Landschaft des Burren.

Auch auf der Straße wird in Irland gern musiziert.

Die berühmte Kirchenfestung Rock of Cashel steht Besuchern ganzjährig offen (oben). Bier und Musik verheißt dieses Pub-Schild (unten).

»Grün schimmerte das Moos an uralten Mauern aus dem achten, aus dem neunten und allen weiteren Jahrhunderten, und die Mauern aus dem 20. Jahrhundert waren kaum von denen aus dem achten zu unterscheiden: bemoost waren auch sie, Ruinen auch sie.«

*Heinrich Böll,
Irisches Tagebuch, 1957*

nur wärmstens empfohlen werden kann. Das Kirchengebäude selbst ist für seine Glasmalereien und die prachtvollen Grabmäler berühmt.

Hinter der Stadt wird die Straße nun über lange Abschnitte von Steinwällen gesäumt, die von den Bauern in jahrzehntelanger Arbeit von Hand aufgeschichtet wurden. Die umliegende Grafschaft Tipperary mit ihren kalkhaltigen Böden gilt als besonders fruchtbar. Die Reisenden erwartet ein mächtiger Felsen aus Kalkgestein, der *Rock of Cashel,* der trutzig aus der Ebene aufragt. Die Anlage macht ihrem irischen Namen Caiseal, Festung, alle Ehre. Im 4. Jahrhundert residierte hier ein altes Königsgeschlecht, später erlangte der Rock of Cashel als Kirchenfestung große Bedeutung. Im Lauf der Jahrhunderte wurde der ursprüngliche Baubestand dann immer wieder ergänzt. So können heute mehrere Kapellen und Abteien bzw. deren Reste sowie ein Turm besichtigt werden. Über die wechselvolle Geschichte des Festungsfelsens informiert eine audiovisuelle Präsentation. Beim Parken sollte man sich übrigens dem Leitsystem anvertrauen, sonst findet sich tatsächlich kaum ein Plätzchen.

Von Cashel aus verläuft die Straße N 8 immer zielstrebiger nach Süden. Man fährt an auffallend vielen Bächen und klaren Gewässern vorbei – kein Wunder, daß die Gegend unter Anglern als besonders fangsicher gilt.

Lieblicher Lee. Nahe am Wasser gebaut ist auch *Cork,* die zweitgrößte Stadt der Republik Irland. Der von Lokalpatrioten immer wieder als »lieblich« besungene Fluß Lee erweitert sich kurz vor seiner Mündung zu einem natürlichen Becken, wodurch beste Voraussetzungen für einen Hafen gegeben waren. Doch Corks Erscheinungsbild wird nur wenig von seiner

Der Ring of Beara bei Ardgroom am Kenmare River im Norden der Halbinsel.

Wirtschaft geprägt. Vielmehr fallen schon beim Hereinfahren die ungewöhnlichen, terrassenartig zum Fluß absteigenden Wohnstraßen auf. Bevor diese jedoch

Der Nationalsport Hurling, eine Art Rasenhockey, hat viele begeisterte Fans.

näher in Augenschein genommen werden können, muß man sich unbedingt eine Parkvignette im Zeitungsladen besorgen, die einem viel Ungemach erspart.

Von Doolin aus verkehrt eine Fähre zu den Aran-Inseln.

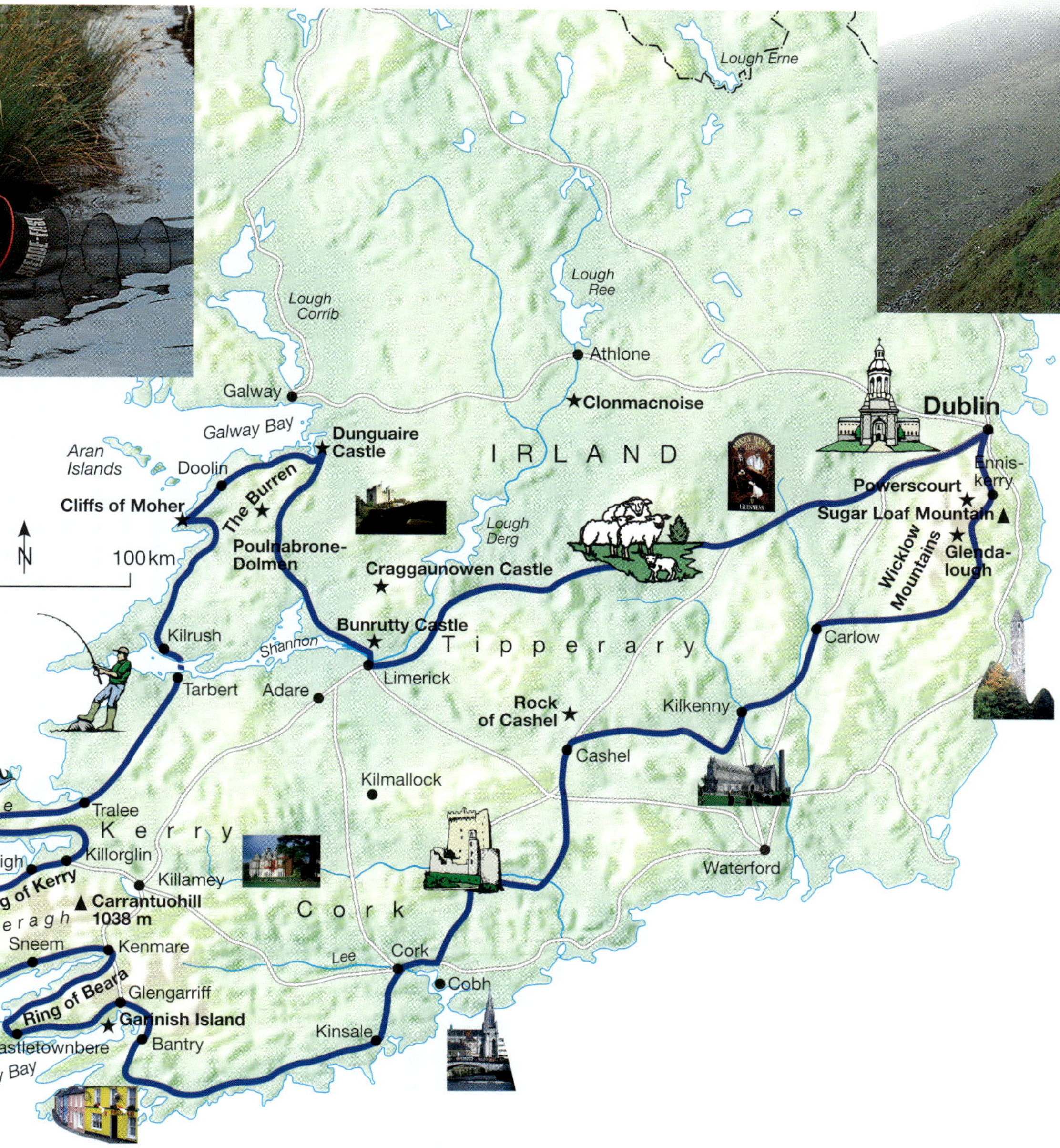

Nicht nur bei schlechter Sicht sollte man am Connor Paß auf der Dingle-Halbinsel Vorsicht walten lassen. – Angeln steht als Freizeitbeschäftigung hoch im Kurs (links).

Lough Erne

Lough Ree

Lough Corrib

Athlone

★ Clonmacnoise

Galway

Galway Bay

Dunguaire Castle ★

I R L A N D

Dublin

Aran Islands

Doolin

The Burren ★

Cliffs of Moher ★

Poulnabrone-Dolmen ★

Enniskerry

Powerscourt ★

Sugar Loaf Mountain ▲

Lough Derg

Craggaunowen Castle ★

0   N   100 km

Kilrush

Shannon

Bunrutty Castle ★

T i p p e r a r y

Wicklow Mountains

Glenda-lough ★

Carlow

Tarbert   Adare

Limerick

Rock of Cashel ★

Kilkenny

D i n g l e

Tralee

K e r r y

Cashel

Killorglin

Rossbeigh

Killarney

Kilmallock

Ring of Kerry

I v e r a g h

▲ **Carrantuohill 1038 m**

C o r k

Sneem

Kenmare

Waterford

Waterville

Lee

Cork

Dursey Island

Ring of Beara

Glengarriff

Garinish Island ★

Cobh

Castletownbere

Bantry

Kinsale

Bantry Bay

Danach stellt der Besucher schnell fest, daß Cork eine Art verkannte Schönheit ist. Ganz gleich, ob man seine Schritte zur imposanten viktorianischen St. Finbarr Cathedral lenkt, ob man sich die Fossiliensammlung im Public Museum ansieht oder aber das Rathaus besichtigt, wo John F. Kennedy, dessen Urgroßvater im 19. Jahrhundert von Irland nach Amerika auswanderte, 1963 eine ergreifende Rede gehalten hat – die Stadt überrascht mit ihren Sehenswürdigkeiten wie mit ihrer gelassenen Atmosphäre gleichermaßen. Hier scheinen die Menschen mehr Zeit zu haben als anderswo, was sich nicht selten auch auf die Touristen überträgt, die mehrere Tage verweilen, obwohl sie eigentlich nur ein paar Stunden hatten bleiben wollen. Und an Unterhaltung herrscht in der Universitätsstadt Cork kein Mangel.

Gaumen- und andere Freuden. Früher oder später muß jedoch jeder Besucher der Stadt den Rücken kehren – das nächste Ziel heißt *Kinsale*. In diesem irischen

Eine Herausforderung für Unentschlossene: in Castletownbere (links). – Mitte des 6. Jahrhunderts von einem Mönch gegründet: die Klostersiedlung Clonmacnoise (oben).

Bilderbuchdorf gibt es – wie schön – ein Wiedersehen mit dem Meer. Von Kinsale aus stach vor fast dreihundert Jahren ein gewisser Alexander Selkirk zu einer Reise in See, die ihn auf eine gottverlassene

Manchmal ist die Stimmung in Kinsale geradezu mediterran (unten). – Ein skeptischer Blick ins Netz: Fischer in Castle-townbere auf der Beara-Halb-insel (rechts).

Beim Hurling geht es darum, eine mit Leder überzogene Kugel aus Kork ins nicht be-wachte gegnerische Tor zu befördern (oben).

Insel verschlug – davon ließ sich später Daniel Defoe (1660–1731) zu seinem »Ro-binson Crusoe« inspirieren. In Kinsale lei-det – soviel ist sicher – niemand unter Einsamkeit, denn der Ort wird als irische Gourmet-Hauptstadt gerühmt. Man findet denn auch eine entsprechend große Zahl hervorragender Restaurants, und diese lassen sich ihr Renommee auch gut be-zahlen. Beim Feinschmeckerfest, das je-des Jahr Anfang Oktober stattfindet, dür-fen sich die Gäste allerdings vier Tage lang über attraktive Preise freuen.

In jedem Fall ordentlich gesättigt, wird nun die Südwestecke Irlands umfahren. Die kleine Küstenstraße verleitet immer wieder zu Zwischenstopps, bis *Bantry* schließlich zu einem etwas ausgedehnte-ren Aufenthalt einlädt. Hoch über Ort und Hafen thront Bantry House, ein schloß-artiges Gebäude, das jede Menge Kunst-schätze beherbergt. Der einst hier ansäs-sige Hausherr wurde dadurch berühmt,

daß er 1796 die Landung einer französi-schen Invasionsflotte, die die irischen Freiheitskämpfer unterstützen wollte, in der Bucht verhinderte. Für dieses Ver-dienst verlieh ihm die englische Krone dankbar den Adelstitel.

An Irlands mildestem Zipfel. Nicht ver-borgen bleibt dem Auge, daß die Natur immer üppiger wird, doch irgendwann be-ginnt man an seinen Sinnen zu zweifeln: Auf der Höhe von *Glengarriff* stehen ech-te Palmen am Straßenrand, ja, die ge-samte Pflanzenwelt mutet exotisch an. Zu verdanken ist dieses Phänomen dem Golf-strom, der hier eine subtropische Klima-nische geschaffen hat. Man fühlt sich fast in einen botanischen Garten versetzt, und so verwundert es kaum, daß auch Glen-garriffs größte Attraktion, die vorgela-gerte Insel *Garinish Island*, mit bezau-bernden Gartenanlagen aufwartet: Auf dem 15 Hektar großen, sorgsam gehegten Gelände gedeihen die ausgefallensten Pflanzen, deren bunte Blütentupfer jeden Fotografen begeistern. Mit etwas Glück bekommt man auf dem kurzen Weg zur Insel auch noch Robben zu Gesicht.

Auf abgeschiedenen Wegen. Der weitere Streckenverlauf ist ausgesprochen kur-
vig. Die Grafschaft Kerry, die nun bald erreicht wird, schiebt sich in Form von zwei
benachbarten Halbinseln weit in den Atlantik hinein. Die südlich davon gelegene
Peninsula Beara, größtenteils noch der
Grafschaft Cork zugehörig, ist die ein-
samste der drei. Wie vom Rest der Welt
abgeschnitten wirkt die nach links abbie-
gende Straße, der *Ring of Beara*. Auf ihm
läßt sich die Halbinsel wunderbar erkunden. Seltsame Märchenwälder mit bizarren Bäumen und filzigem Farn werden
durchquert, bis unerwartet der bedeutende Fischereihafen Castletownbere auf-
taucht, der letzte Ort, bevor der Wagen
nur noch von Moos, Fels und Brandung
umgeben ist. Rostige Warnschilder weisen, drohend und komisch zugleich, auf
die Absturzgefahr hin, was sie durch ihre
eigene Schieflage noch zu unterstreichen
scheinen. Nach einer Stunde verliert sich
die Straße einfach im Geröll. Nur eine
Bank steht hier noch, und neben dieser
schaukelt ein eigentümlicher Drahtkäfig
im Wind. Er bedeutet dem Ankömmling,
daß eine Weiterfahrt höchstens per hand-
betriebener Seilbahn zur Insel Dursey
möglich ist. Ob man den Trip über das
60 Meter tiefer tosende Meer tatsächlich
wagt, ist eine Frage des Gottvertrauens,
unvergeßlich bleibt der Anblick des wilden Ozeans in jedem Fall.

Legendärer Ring of Kerry. Selbiges
trifft auf den benachbarten Rundkurs
zu. Der *Ring of Kerry*, bis vor wenigen

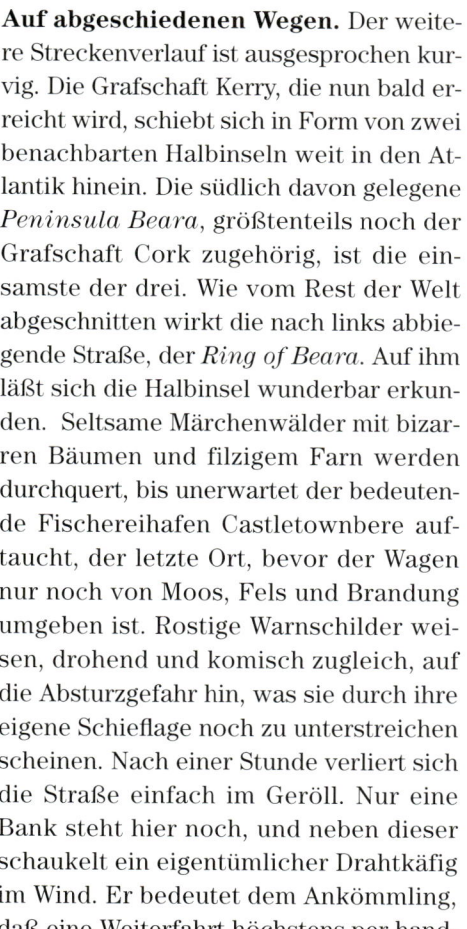

Fortsetzung Seite 148

Tausend Jahre jung

Bis vor nicht allzu langer Zeit war Irlands Hauptstadt allenfalls ein Reiseziel für Insider. Die Fassaden bröckelten,

Westlich der O'Connell Bridge spannt sich die eiserne Halfpenny-Fußgängerbrücke über den River Liffey (großes Bild).

Auf Nachtschwärmer warten unzählige Bars und Pubs (rechts und oben). – Dublins junge, manchmal auch schrille Szene trifft sich im Bezirk Temple Bar (rundes Bild und unten).

die Infrastruktur war marode, und über der Stadt lag etwas Resignatives. Heute ist in Dublin von Tristesse überhaupt nichts mehr zu spüren. Der Boulevard O'Connell ist prachtvoll herausgeputzt, in der Fußgängerzone Grafton Street reihen sich Bistros und Boutiquen aneinander, und die südliche City glänzt mit aufwendig restaurierten Bürgerhäusern. Nach einer mehr als tausendjährigen bewegten Geschichte steht die einstige Wikingerfeste heute so gut da wie selten zuvor. Auch das kulturelle Spektrum Dublins ist immens, es reicht vom berühmten, von William B. Yeats (1865–1939) gegründeten Abbey Theatre über Dutzen-

de freie Bühnen bis hin zu Kleinkunstaufführungen auf der Straße. Musikfreunden stehen, je nach Vorliebe, die National Concert Hall sowie eine riesige Folk-Szene offen. Oder wie wäre es stattdessen mit einem Rockkonzert, einer nächtlichen Performance im Literaturmuseum oder einer Dichterlesung in der S-Bahn? Dublin ist etwas für erlebnishungrige Irlandreisende – sie kommen in Scharen und bringen die Innenstadt regelrecht zum Brodeln. Zwischen der O'Connell Bridge und dem Trinity

Eine der vielen schönen »Doors of Dublin« (links unten). – In der Ann Street (oben). – Bei der Dublin Horse Show (unten).

College, der altehrwürdigen Universität, ist das Gedränge mitunter so dicht, daß es kaum ein Durchkommen gibt. Auffallenderweise empfindet man all die Betriebsamkeit in dieser Stadt kaum je als störend – im Gegenteil: Dublin strahlt eine wohltuende Frische und Unbekümmertheit aus, und es ist unverkennbar, daß hier die Jugend den Ton angibt. Und diese begegnet dem Wandel der Stadt eher mit Neugierde als mit Skepsis, was sich vor allem im Szeneviertel Temple Bar zeigt. Noch vor wenigen Jahren ein verkommener Innenstadtbezirk, präsentiert sich das Gassengewirr heute als höchst anziehendes Gemisch aus Galerien, Bars, Kramläden und Alternativprojekten. Wer in der Hauptstadt weilt, sollte es sich nicht nehmen lassen, für einige Zeit in die Atmosphäre dieses sinnenfrohen Quartiers einzutauchen.

AUF LITERARISCHEN SPUREN

Mit Dublin untrennbar verbunden ist der Name James Joyce (1882–1941). Zwar war die Zuneigung zwischen der Stadt und dem Dichter nicht sehr groß – Joyce emigrierte schon 1904 –, dennoch ist sein Roman »Ulysses« nicht nur ein literarischer Führer durch die Abgründe der menschlichen Seele, sondern ebenso durch die Stadt Dublin. Jedes Jahr am 16. Juni, dem Tag, an welchem der Roman spielt, wird in Dublin der Bloomsday begangen, so genannt nach Leopold Bloom, der Hauptfigur des seitenstarken Werkes. Dann trifft sich eine schrille Schar von Joycefans aus aller Welt, um die Stationen des Buches abzuwandern.

Bei Adrigole zweigt der Healy
Paß vom Ring of Beara ab und
führt durch eine wilde Landschaft kurvenreich bergan.

Die Nähe des Wassers genießt man im luxuriösen »Park-nasilla Hotel« in Parknasilla (oben). – Guter Service ist überall auf der Insel selbst-verständlich (rechts).

Elisabethanisch: Muckross House bei Killarney (großes Bild). – Auf der Dingle-Halb-insel ist alles auf Touristen eingestellt: Der Musiker im Pub ist bereit (oben), und Kut-scher samt Pferdchen warten auf Passagiere für eine Kutschfahrt (rechts).

Jahrzehnten noch eine simple Versorgungsstraße, hat sich dank seiner zahllosen schönen Ausblicke zu einer irischen Legende entwickelt. Man muß ihn einfach entlanggefahren sein. Von dem Marktflecken Kenmare aus steigt die Straße

nach Westen hin stetig an, um dann auf halber Strecke bis zur Spitze der Iveragh-Halbinsel das knallbunte Postkartendorf *Sneem* zu passieren. Zum Schutz vor Regen haben hier die Bewohner ihre Häuser mit Ölfarben angepinselt und sie auf diese Weise, wohl eher ungewollt, zu einem vielfotografierten Blickfang gemacht.

Die Berge im Rücken und feine Sandstrände vor der Tür – so empfängt der beliebte Erholungsort *Waterville* seine Gäste. Charlie Chaplin (1889–1977) war von Watervilles Reizen so angetan, daß er manchen Sommer hier verbrachte. Bei Sonnenschein ist die Aussicht auf ein erfrischendes Bad auch wirklich ausgesprochen verlockend. Vorbei an alten, fotogen verfallenen Eisenbahnbrücken hangelt sich die Straße über der Nordküste wieder landeinwärts. Der Carrantuohill, Irlands höchster Berg, grüßt würdevoll zur Rechten, während zum Wasser hin die Dünen von Rossbeigh leuchten.

Gerade wegen seiner großen Schönheit sollte man auf dem Ring eine gewisse Vorsicht walten lassen: Man begegnet auf dieser Strecke naturgemäß mehr Tou-

ristenbussen und Radfahrern als anderswo. Auch sorgen Pferdefuhrwerke nicht selten für kleinere oder größere Kolonnen hinter sich. Am besten, man macht unterwegs Station – Anfang August sei zu diesem Zweck *Killorglin* ans Herz gelegt. Dann feiert das ganze Dorf drei Tage lang ein ausgelassenes und weithin bekanntes Volksfest, den Puck Fair: Ein Ziegenbock, King Puck, wird zum König von Irland gekrönt und wohnt an exponierter Stelle den Feierlichkeiten bei.

Viele sind gegangen. Die nächste Kerry-Etappe auf der Halbinsel Dingle gestaltet sich wieder ruhiger. Es fällt nicht schwer, jener Statistik Glauben zu schenken, die besagt, daß hier zehnmal mehr Schafe als Menschen leben. Manchmal stößt man auf regelrechte »Geisterdörfer«, die völlig verlassen sind, weil alle ihre einstigen

In Kenmare nimmt der Ring of Kerry seinen Anfang.

Auch Limerick hat sein Schloß: King John's Castle an der Thomond Bridge.

VON DEN KELTEN

In Irland hielt man sich schon immer viel auf seine vorchristlichen Ahnen zugute. Drei Jahrhunderte v.Chr. waren die Kelten in Europa kulturell dominierend, allerdings verlor sich ihre vorherrschende Stellung im Zug der Christianisierung rasch. Allein in Irland blieb die keltische Ständegesellschaft aus Unfreien, freien Handwerkern und Stammesfürsten – zu denen auch die Druiden gehörten – länger erhalten. Die esoterisch motivierte Keltenbegeisterung der Gegenwart hat leider viel Unhistorisches hervorgebracht. Das echte Erbe aus keltischen Zeiten hat es dagegen schwer: Die alte Sprache der Kelten, das Gälische, wird heute nur noch von 30 000 Menschen voll beherrscht.

Ausgesprochen urig geht es in »Harp's Bar« in dem winzigen Ort Ballyhea zu.

149

Straße am Black Head (großes Bild). – Auf den Cliffs of Moher (oben und Mitte).

Die frühe Geschichte Irlands wird im Museum Craggaunowen Castle lebendig. Mit einem solchen Boot soll der heilige Brendan den Atlantik überquert haben (unten).

Einwohner ausgewandert sind. Im vorderen Teil Dingles scheint mitunter auch keine Straße mehr da zu sein, mal eiert es lehmig unter den Rädern, mal fährt man durch Wasser. Ganz am Rand des festen Landes ducken sich noch ein paar Gehöfte an den Fels. Ihre Bewohner sind von den nahen Blasket-Inseln hierher umgesiedelt worden, wo sie noch bis 1953 ohne Strom und fließendes Wasser lebten. Es ist kaum zu fassen, daß in die Nähe dieses weltfernen Endes von Irland früher sogar einmal eine Eisenbahn fuhr. Und in der Stadt *Tralee*, dem nördlichen Einfallstor zur Dingle-Halbinsel, hat man tatsächlich damit angefangen, das alte Schmalspurschnaufchen wiederzubeleben – freilich dient es heute ausschließlich zu touristischen Zwecken.

Das Auto indessen muß für die Weiterreise auf die Autofähre von Tarbert bugsiert werden. Sie ist hinten und vorn offen, so daß der zu überquerende Shannon ziemlich ungehindert seine feuchten Grüße hineinschicken kann.

Geheimnisse aus Stein. Die Mondlandschaft des *Burren*, in welche man nun über Kilrush hineinrollt, wirkt auf den ersten Blick schroff, ausgetrocknet und karg. Soweit das Auge reicht, türmen sich Kalksteinblöcke. Hier finden sich unterirdische Höhlen, Gänge und Wasserläufe. Zwischen den jahrmillionenalten Formationen tritt mitunter Wasser an die Oberfläche, um nach kurzer Zeit wieder in Spalten zu versickern. Viele Geschichten von keltischen Zauberern und Geistern ranken sich um diese eigentümliche Gegend. Daß in dieser Unwirtlichkeit auch Pflanzen gedeihen, offenbart sich erst bei einer Rast. Nicht nur Botaniker vermag

Petri Heil am Loch Erne: Besser könnten die Wetterverhältnisse zum Angeln nicht sein.

Ihre Höhe von 220 Metern erregt in der Tat Schwindel, weshalb die Devise heißt: festhalten. Mit haushohen Brechern wogt tief unten der Atlantik gegen das steinerne Bollwerk an, dazu pfeift ein Sturmwind, der selbst einen kleinen Wasserfall immer wieder stückweise nach oben drückt. In der Luft liegt das heisere Krächzen Tausender von Möwen, und weit draußen sind, wie Schiffe in Seenot, die Aran-Inseln zu erahnen.

Mittelalterliche Zustände. Um den Glauben an den festen Boden unter den Füßen wiederzugewinnen, braucht man dann fast bis *Limerick*. Die Stadt, bei der jeder sofort an die witzigen Fünfzeiler gleichen Namens denkt, hat sich in jüngster Zeit vom wenig attraktiven Verkehrsknotenpunkt zu einem lebhaften Kultur- und Einkaufszentrum entwickelt. Für die Iren ist sie auch ein geschichtsträchtiger

In den Pubs an der Küste (ganz unten) werden einige Köstlichkeiten serviert (oben).

die unerwartet alpine Flora in ihren Bann zu ziehen. Die schönste Zeit, sie zu entdecken, ist der späte Frühling.
Mindestens ebenso groß ist das Staunen, wenn die *Cliffs of Moher* erreicht sind, wo sich das Land in Gestalt einer atemberaubend steilen Felswand ins Meer stürzt.

Ort: 1691 wurde den Katholiken hier, nach langer Belagerung, in einem Vertrag Religionsfreiheit zugesichert – freilich verweigerte das englische Parlament seine Zustimmung, und Hunderttausende Iren mußten fliehen. Welch furchteinflößender Waffen man sich damals bediente, zeigt ein Gang durch das achthundert Jahre alte King John's Castle. Berühmt ist auch das Hunt Museum, dessen Sammlung bronzezeitlicher Schätze als eine der bedeutendsten auf den Britischen Inseln gilt. Wer vor der Rückfahrt nach Dublin Zeit für eine Übernachtung hat, sollte am Abend unbedingt gepflegt mittelalterlich speisen, und zwar im *Bunratty Castle*, 10 Kilometer vor den einst so heiß umkämpften Toren der Stadt.

Ländliches Idyll: Cottage bei Fanore (Mitte). – Auf dem Shannon Erne Waterway (links).

Planen und erleben...

Pub mit Palmen: »The Spaniard«, Kinsale.

↓	ENTFERNUNGEN	↑
km	**Dublin**	1271
	158 km	
158	**Kilkenny**	1113
	210 km	
368	**Cork**	903
	25 km	
393	**Kinsale**	878
	96 km	
489	**Bantry**	782
	51 km	
540	**Castletownbere**	731
	110 km	
650	**Waterville**	621
	120 km	
770	**Dingle Halbinsel**	501
	50 km	
820	**Tralee**	451
	102 km	
922	**Limerick**	349
	72 km	
994	**Cliffs of Moher**	277
	152 km	
1146	**Athlone**	125
	125 km	
1271	**Dublin**	km

Komfortabel: das »Adare Manor Hotel«.

Die Highlights

DUBLIN

Die irische Hauptstadt ist auf dem besten Weg, sich zu einem Reiseziel mit Kultcharakter zu entwickeln. Faszinierende georgianische Architektur, ein buntes Kulturleben und schicke Einkaufsmeilen machen ihre besondere Anziehungskraft aus. Für die Besichtigung sollte man sich mindestens zwei, besser drei Tage Zeit nehmen. Da die meisten Flüge von und nach Irland über Dublin erfolgen, gehört der Aufenthalt in der Stadt sinnvollerweise an den Anfang oder ans Ende jeder Irlandreise. Das beste Verkehrsmittel ist der Bus, den en-

Pubmusik in Doolin.

geren City-Bereich zwischen O'Connell Street und St. Stephen's Green kann man jedoch auch bequem zu Fuß durchstreifen.

Die Iren sind gesellige und fröhliche Menschen.

ROCK OF CASHEL

Die »irische Akropolis« ist nicht nur ein architektonischer Augenschmaus, sondern auch eine bedeutende Ausgrabungsstätte. Zahlreiche Reliefs, Grabplatten und Ecksteine mit grimmigen Gesichtern und wilden Tieren sind hier im Lauf der Jahre freigelegt worden. Der Rock of Cashel erschließt sich deshalb besonders all jenen, die nicht nur für seine Gesamtwirkung offen sind, sondern auch einen Sinn fürs Detail haben. Im Ort Cashel befinden sich weitere historische Stätten sowie ein kleiner Folklore-Park – sie werden angesichts der großen Hauptattraktion oft übersehen.

RING OF KERRY

Dieser 180 Kilometer lange Rundkurs gilt zwar längst nicht mehr als Geheimtip, ist und bleibt aber trotzdem eine Sehenswürdigkeit von europäischem Rang. Befahren wird der Ring üblicherweise links herum, also gegen den Uhrzeigersinn.

Kilkenny ist zweifellos eines der reizvollsten Städtchen Irlands.

Prinzipiell ist die Strecke an einem Tag zu schaffen, nur hat man unter diesen Umständen nicht viel davon. Mindestens eine Übernachtung sollte also eingeplant werden.

BURREN, CLIFFS OF MOHER

Beim Anblick der Burren-Landschaft reibt man sich unwillkürlich die Augen. So ungefähr muß es auf dem Mond aussehen: abweisende Schroffheit und Stein, so weit man sehen kann. Gerade deshalb sind häufige Zwischenstopps anzuraten, denn beim zweiten Hinsehen

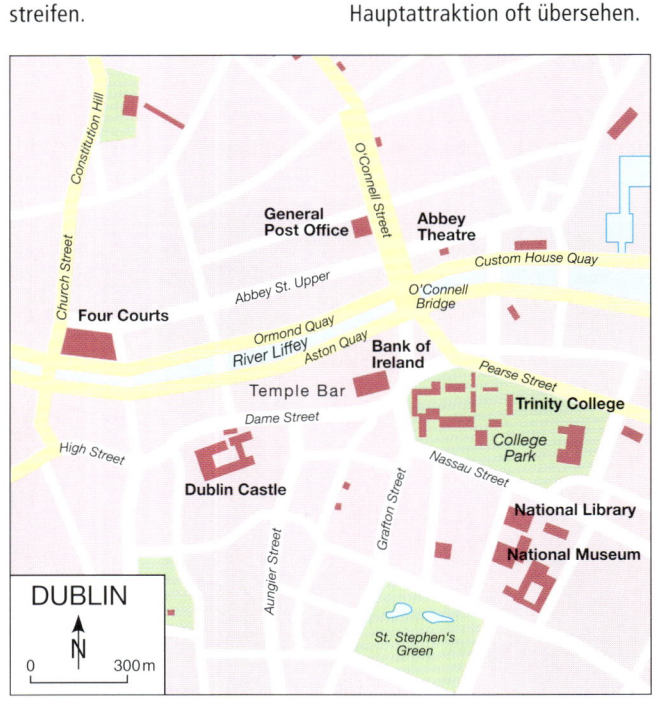

```
DUBLIN
N
0        300m
```

Constitution Hill
Church Street
Four Courts
Abbey St. Upper
Ormond Quay
River Liffey
Aston Quay
Temple Bar
Dame Street
High Street
Dublin Castle
O'Connell Street
General Post Office
Abbey Theatre
Custom House Quay
O'Connell Bridge
Bank of Ireland
Pearse Street
Trinity College
College Park
Nassau Street
National Library
National Museum
Grafton Street
Aungier Street
St. Stephen's Green

Die Stadt Cobh mit der neugotischen St.-Colman's-Kathedrale.

offenbart sich am Wegesrand eine überraschend vielfältige Vegetation. In letzter Zeit greift die Unsitte um sich, den alten Legenden, die sich mit diesem geheimnisträchtigen Landstrich verbinden, nachts in Form von »Geistersitzungen« nachzuspüren. Das ist nicht nur kultureller Unfug, sondern ohne Licht, Karte und Wasservorrat auch sehr gefährlich.

Auch die Cliffs of Moher haben es in dieser Hinsicht in sich. Ein Blick von der höchsten Steilküste Westeuropas gehört sicher zu jeder Irlandreise. Leichtsinnige Bergsteigerei am Rand des Abgrunds sollte allerdings tunlichst vermieden werden. Immer wieder kommen hier auf diese Weise Menschen zu Tode.

Tips für unterwegs

AKTIVITÄTEN
Bergsteigen: Die Gipfel sind nicht sonderlich hoch, dafür aber oft nur über ungewöhnlich steile Aufstiege zu erreichen. Außerdem kann das Wetter mehrmals täglich umschlagen, was selbst für geübte Bergsteiger oft eine Herausforderung darstellt. Berge bis 500 Meter Höhe sind in der Regel aber auch von durchschnittlich Trainierten zu bewältigen.

Bootfahren: Verleihstationen gibt es in fast jedem Fischereihafen Kerrys und Dingles. Ein spezieller Führerschein ist nicht erforderlich, wer nicht navigieren kann, schippert jedoch besser in Ufernähe.

ON THE ROAD
Auch in Sachen Autofahren bleiben die Iren sich treu, das heißt, sie sehen die Dinge nicht so eng. Eine rote Ampel zwingt nicht unbedingt zum Anhalten, und den Blinker betätigt man auch eher nach Gutdünken. Dafür wird andererseits aber eine gewisse Großzügigkeit gepflegt. Kleinere Kratzer und Beulen nimmt man auf die leichte Schulter, ebenso die technische Sicherheit, vor allem, was den Zustand der Lastwagen angeht.

Ein Rundturm ziert die St. Kevin's Church von Glendalough.

Achtung: Speziell an den Wochenenden ist so mancher Autofahrer auch alkoholisiert unterwegs. Die Fahrzeuge von

Effektvoll angestrahlt: Dunguire Castle an der Galway Bay.

Autovermietungen sind nicht immer neu, es empfiehlt sich deshalb beispielsweise, den Zustand des Reserverades zu prüfen. So erlebt man später keine unliebsamen Überraschungen. Die Polizei verhält sich Ausländern gegenüber in der Regel freundlich, toleriert aber dennoch weder Raser noch Drängler. Die Notrufnummer lautet, einheitlich für Polizei, Feuerwehr und Seerettung: 999.

SOUVENIRS
Schön und vielseitig ist ein handgestrickter Aran-Sweater aus naturbelassener Wolle, die besonders wind- und wasserabweisend ist. Ein solcher Pullover kann – je nach Witterung – auch während der Reise schon gute Dienste leisten. Die Zopfmuster sind immer verschieden (auf das Echtheitszertifikat achten). Wunderbar wärmend sind auch handgewebte Wolldecken, die es in harmonisch aufeinander abgestimmten Farbkombinationen zu kaufen gibt.

Pferdebegeisterung kennt kein Alter: auf der Dublin Horse Show.

DER NOT GEHORCHEND

Wer die Einsamkeit nicht ertragen könne, so meinte einmal der Schriftsteller Alfred Andersch (1914–1980), der solle nicht nach Irland gehen. Noch immer ist daran viel Wahres, denn die Grüne Insel gehört zu den am dünnsten besiedelten Gebieten Europas. Irland ist ein klassisches Auswanderungsland. Weit verstreut auf der Welt leben heute mehr Iren als in Irland  selbst. Eine erste Emigrationswelle schwappte bereits im 18. Jahrhundert nach Amerika; mehr als eine halbe Million Iren verließen damals ihre Heimat. Hungersnöte in den Jahren 1846 bis 1856 ließen diesen weitere zweieinhalb Millionen Menschen folgen. Innerhalb weniger Jahre suchte jeder dritte Einwohner sein Auskommen in der Fremde, und es blieben ganze Dörfer verlassen zurück.

Anfang des 13. Jahrhunderts wurde Kilkenny Castle gebaut.

Rauh und wild ist die Natur auf Achill Island. Die Panoramastraße »Atlantic Drive« führt direkt an der Küste entlang.

Von Dublin in Irlands Westen und Norden

Sich dem wechselnden Farbspiel von Himmel und Meer hingeben, dunkle Torfmoore und Heidelandschaften auf sich wirken lassen, prähistorische Hochkreuze und eine traumhaft schöne Küstenstraße entdecken – all das birgt dieser Teil der Grünen Insel an Möglichkeiten.

Ein Reich von spröder Schönheit

Irlands Westen könnte verschiedenartiger nicht sein: Da ist das weltoffene, lebensfrohe Städtchen Galway, nach Norden hin dehnen sich weite Strände aus, und das Hinterland aus Heide, Torf und Fels ist magisch still. Nordirland schließlich empfängt seine Besucher – ausgesprochen friedlich übrigens – mit einigen spektakulären Attraktionen und einer touristisch noch angenehm wenig erschlossenen Natur.

Dieser Ire ist in Carraroe zu Hause. Der kleine Ort in der Grafschaft Galway liegt in einem Gaelthacht-Gebiet: Hier wird hauptsächlich Gälisch, die alte Sprache der Kelten, gesprochen – und auch gelesen.

Den ersten 25 Kilometern von Dublin Richtung Westen ist nicht anzumerken, daß es sich um eine durchaus wichtige Strecke handelt: Sie verbindet den kleinen Universitätssitz Maynooth mit der Hauptstadt. Für die Iren ist Maynooth quasi gleichbedeutend mit dem Priesterseminar St. Patrick's – von dort kommen seit langer Zeit die Bischöfe, die in Dublin hinter den Kulissen auch heute noch ein bißchen mitregieren. Irland ist nun einmal streng katholisch.

Fast genau den geographischen Mittelpunkt Irlands bildet *Athlone*. Im Norden verbreitert sich der Shannon zum Lough Ree, dem größten See entlang des Flußlaufs. Die Gegend erfreut sich besonders bei Radwanderern großer Beliebtheit, denn sie ist angenehm eben.

Bunt und lebendig. In *Galway* sollte man nicht nur aus Gründen der Zeitplanung für einen Tag Quartier nehmen: Von jeher ein bedeutender Handelsplatz, geht es mit dieser Stadt in den letzten Jahren stetig bergauf – und doch hat sie bislang nichts von ihrem ursprünglichen Charme eingebüßt. Ihre winkligen Gassen, ihre mittelalterlichen Prachtbauten und das südländisch anmutende Markt- und Lagerhausviertel Spanish Arch wirken ausgesprochen einladend.

Man kann Lynch's Castle bewundern und von der Salmon Weir Bridge aus die Lachse springen sehen.

Auf der Straße himmelwärts. Der Abschied von Galway fällt nicht leicht – welch ein Glück, daß der *Connemara National Park* landschaftlich ein wirkliches Kleinod ist: Wie ein Bühnenbild stellt sich die Gipfelkette der Twelve Bens mit den eingesprenkelten dunklen Seen davor dar.

Als »Hauptstadt« Connemaras versteht sich das beliebte Ferienzentrum *Clifden*. Ein Muß ist die Fahrt auf der Sky Road, einem 12 Kilometer langen Rundkurs, der hier seinen Anfang nimmt. Höher und höher schraubt sich das Auto auf dieser Küstenstraße, Wolkenfetzen huschen vorüber, und ein verlorenes Cottage klammert sich an den Felsen. Am Ende scheint sich das Festland fast aufzulösen, übrig bleiben nur Inseltupfen im Meer.

In *Westport* angekommen, hat man dann bereits die Grenze zur Nachbargrafschaft Mayo passiert. Das aufgeweckte Städtchen hat sich hübsch herausgeputzt. Sein interessantes Erscheinungsbild ist das Ergebnis systematischer Planung Ende des 18. Jahrhunderts. Markant und originell wirkt besonders die Hauptstraße Mall, eine prächtige Allee, die beiderseits des Flusses Carrowbeg entlangführt.

Irlands heiliger Berg. Die Erhebung, die sich von Zeit zu Zeit im Südwesten sehen läßt, ist der *Croagh Patrick*, auf dem der Nationalheilige der Iren, St. Patrick,

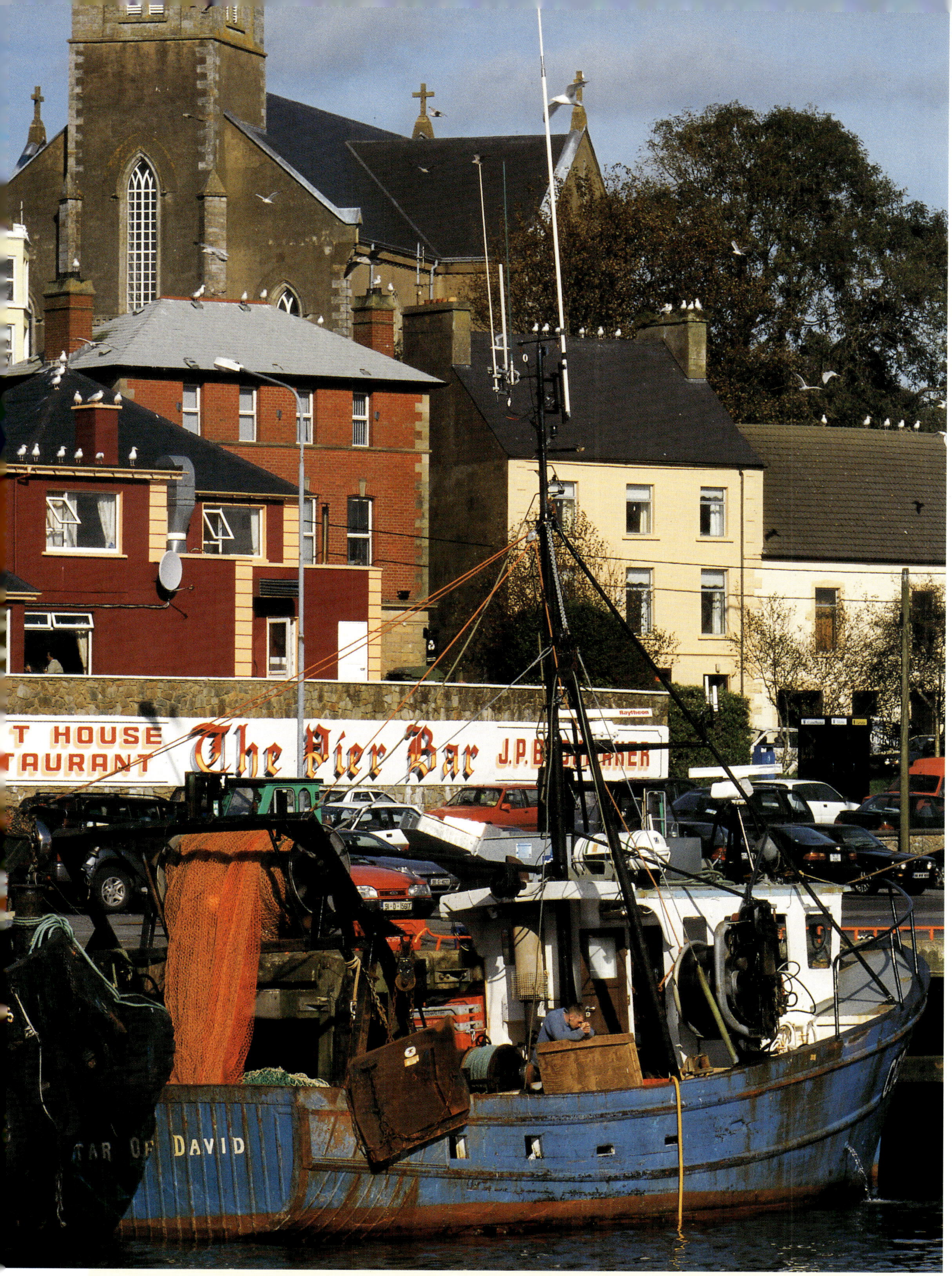

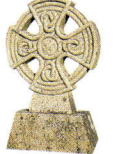

Zum größten Fischereihafen Irlands hat sich der kleine Ort Killybegs an der Donegal Bay entwickelt.

Steinkreuze aus keltischer Zeit sind im Norden häufig zu finden.

Metzgergesellen in Ardara
(oben). – Clifden: im Osten die
Gipfel der Twelve Bens, im
Westen der Atlantik (unten).

im 5. Jahrhundert vierzig Tage lang ge-
fastet haben soll. Jedes Jahr am letzten
Julisonntag brechen Tausende Pilger auf,
um den Berg zu besteigen – viele von
ihnen barfuß.

Ein irischer Dichter. Die Straße be-
schreibt nun einen weiten Bogen nach
Nordosten, führt zunächst nach Ballina
und erreicht nahe der Ox Mountains
schließlich *Sligo*. Ein Museum und das
Yeats Memorial Building erinnern an den
Träger des Literaturnobelpreises William
Butler Yeats (1865–1939), der seine Kindheit und zum Teil auch seine Jugendjahre
in dieser Gegend verbrachte.
Begraben liegt Yeats im nahegelegenen
Dorf Drumcliff. Die N 15 geht direkt an
dem kleinen Friedhof vorbei, und ein Be-

Idyllisch: Roundstone südlich von Clifden

*»Man kann sich des Ein-
drucks nicht erwehren,
daß die Iren jedesmal aufs
Neue überrascht sind,
wenn es zu regnen anfängt.
Manche halten sich eine
Zeitung oder eine Ein-
kaufstasche über den Kopf,
andere suchen unter Bäu-
men oder in Geschäften
Zuflucht, doch die meisten
tun so, als sei nichts
geschehen.«*

*Ralf Sotschek, Gebrauchs-
anweisung für Irland, 1996*

such des Grabes lohnt sich schon wegen
des mächtigen Tafelbergs Benbulben, der
hinter dem Gottesacker aufragt.

Stille, menschenleere Weiten. Je mehr
man nach Norden vorstößt, um so einsamer wird es. In der Grafschaft Donegal
haben die Straßen kaum noch eine sicht-
bare Begrenzung, außerdem sind die
Schilder, sofern es überhaupt welche gibt,
meist nur in Gälisch gehalten, der alten
keltischen Sprache, die hier noch lebt. Irgendwann fehlen selbst diese kryptischen
Botschaften. Passiert werden noch Donegal Town und Killybegs, dann aber dehnt
sich bis zum Horizont nur noch irrlich-
terndes Hochmoor aus, gesäumt von
schuppigem Moos und flammend gelbem
Stechginster. Dublin? London? – nichts
scheint weiter entfernt zu sein.

Auf Spurensuche. Als die Christianisierung des Landes begann, sollen sich die
Kelten hierher zurückgezogen haben –
aus gutem Grund, so scheint die einsame
Gegend vermitteln zu wollen. Mit etwas
Glück findet man am Wegesrand noch
Zeugnisse ihrer Kultur, Ogham-Steine beispielsweise: Die mehr als tausendjährigen
Blöcke, die meist eine Grenze oder Grab-
stelle markieren, weisen keilförmige Ein-
schnitte auf. Sie sind die Zeichen der
frühen keltischen Schrift Ogham.
Da Donegal ungewöhnlich reich an solchen Spuren ist, gibt es verschiedene
archäologische Karten, die Interessierte
zielgerichtet zu den sehenswertesten
Orten führen.

Die Grabkammern von Newgrange.

Bade- und Gaumenfreuden. Über Glen-
columbkilly geht es – recht abenteuerlich
– über eine Nebenstraße Richtung Ardara
und Glenties landeinwärts, wo innerhalb
kurzer Zeit 300 Meter Höhenunterschied
zu überwinden sind. Dafür wird man bei

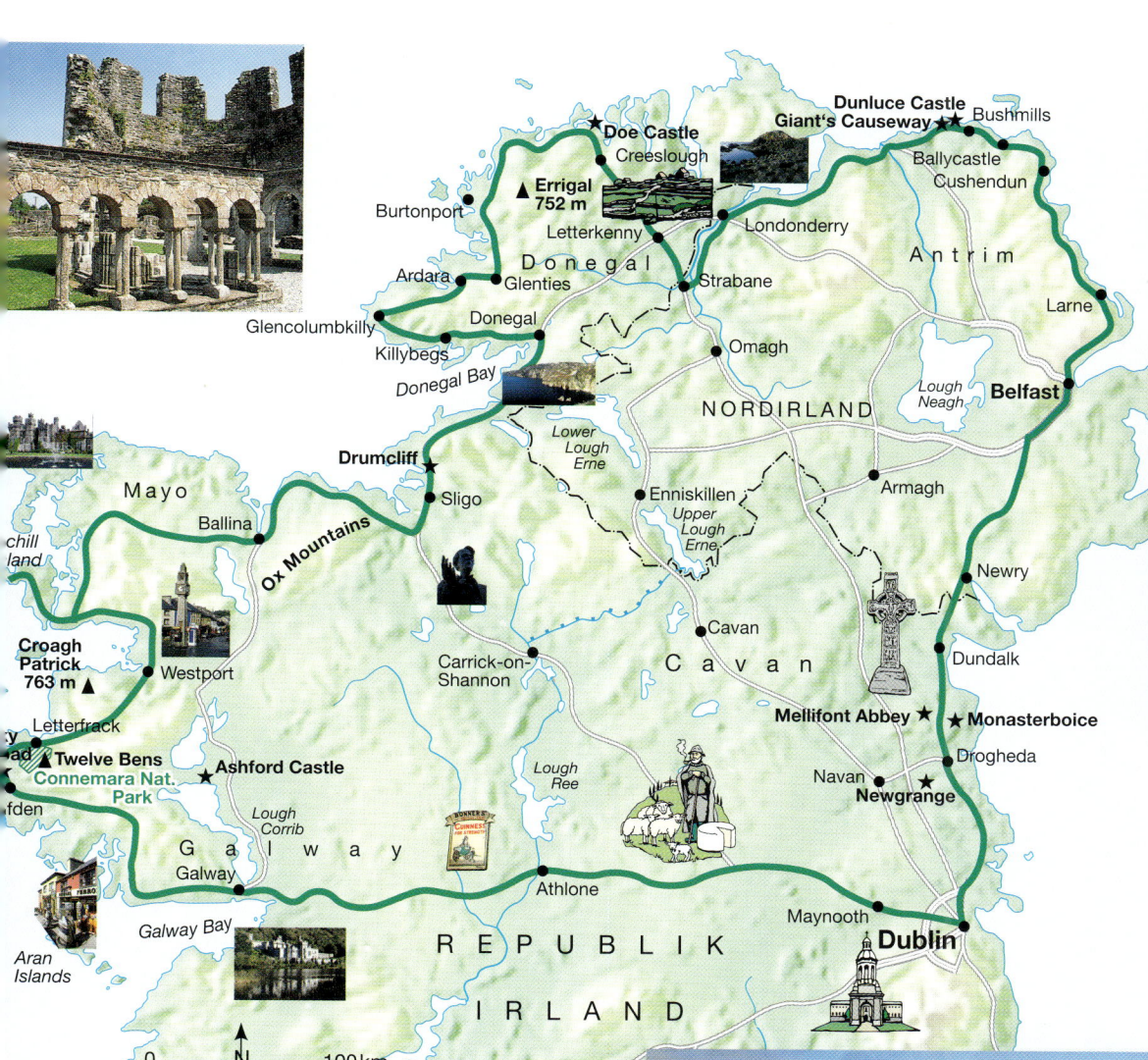

klarem Wetter mit einer schönen Sicht
auf den Slieve League belohnt, jenen
Bergrücken, der meerwärts 600 Meter tief
abfällt und damit die höchsten Klippen
Europas bildet. Auch der weitere Kurs,
der auf der N 56 parallel zur Küste nach
Norden führt, hält immer wieder Ausblicke von ganz besonderem Reiz bereit.
Und fast überall laden feinsandige Strände zum Spazierengehen und zu Badepau-
sen ein. Des fangfrischen Hummers, der
Krabben und Muscheln wegen sollte unbedingt Zeit für einen kleinen Abstecher
in das Fischerdorf *Burtonport* sein.

Galway: Unterhaltung auf der Straße.

Bei Creeslough – mit seiner markanten
modernen Kirche unverwechselbar –
wendet sich die Überlandstraße zwar
wieder nach Süden, es empfiehlt sich jedoch auch hier noch ein kleiner Schlen-
ker, diesmal Richtung Carrigart: In nur
5 Kilometer Entfernung taucht *Doe Castle*
auf. Die vierhundert Jahre alte Burg,
zu der der Nachbar den Schlüssel besitzt, steht höchst dramatisch auf einem
Felsen, der an drei Seiten von Wasser
umspült wird.

Heide und Moor prägen die
einsame Landschaft von Achill
Island. Die Insel, auf der Heinrich Böll ein Ferienhaus hatte,
ist durch eine Brücke mit dem
Festland verbunden.

159

Wer nach Leenane möchte, kann hier mit seinem Boot anlegen. Zu finden ist der kleine Ort am fjordartig ins Land geschnittenen Killary Harbour (unten).

Für seine reichen Lachs- und Forellenvorkommen bekannt ist der Lough Corrib (oben). Direkt am See liegt das elegante Schloßhotel »Ashford Castle«, dessen Räume mit erlesenen Antiquitäten ausgestattet sind (rechts unten).

Mehr oder weniger vom Wind zerzaust macht man sich sodann auf den Weg nach *Letterkenny*. Diese Stadt, die größte Donegals, verfügt, so heißt es, über die längste Hauptstraße Irlands.

Willkommen in Ulster. Die weitere Reise geht in den zu Großbritannien gehörenden nordirischen Teil der Insel. Zwar macht diese »Unruheprovinz« in den Medien immer wieder von sich reden, für auswärtige Besucher birgt sie jedoch kaum Risiken. Im Gegenteil: Reisende werden in Ulster, dem Land, dessen Wappen eine rote Hand zeigt, besonders warmherzig begrüßt.

Der erste Streckenabschnitt führt über Strabane und Londonderry hinauf an die Nordküste zum *Giant's Causeway*, der größten Naturschönheit im Norden. Die kilometerlange Küstenformation östlich von Portrush besteht aus Tausenden von erstarrten Basaltsäulen, der Legende nach Trittsteine für den Riesen Finn Mc Cool, der eilig nach Schottland zu seiner Angebeteten wollte. Ganz in der Nähe dieses »Damms des Riesen«, auf dem man sich gut und gern einen ganzen Tag

Westport: 2 Kilometer nordwestlich der Stadt, deren heitere Atmosphäre zahlreiche
Besucher anlockt, liegt Westport House. Seit 1960 kann
das im Besitz der Familie des
Grafen von Sligo befindliche
Herrenhaus besichtigt werden
(oben und großes Bild).

lang aufhalten kann, findet sich ein weiteres nordirisches Kleinod – so sehen
es zumindest Whiskeykenner. Die Old
Bushmills Distillery rühmt sich, weltweit
die älteste legale Whiskeybrennerei zu
sein. Im Jahr 1608 erhielt sie von König James I. die Lizenz zur Herstellung
von »Acqua Vitae«, Lebenswasser. Wer
möchte, kann an einer Führung mit ab-
schließender Verkostung teilnehmen –
geöffnet ist übrigens auch an Sonntagen.

Straße der Superlative. Über *Ballycastle* kommt man dann allmählich der
Antrim Coast Road näher, die bei Cushen-
dun beginnt und bis nach Larne führt. Ende August feiert Ballycastle ein traditions-
reiches Volksfest mit Pferdemarkt, den
»Ould Lammas Fair«.
Allein das nun folgende Wegstück an der
Ostküste der Grafschaft Antrim hinunter

Den Steinkreuzen der Kelten
nachempfunden ist dieser
Grabstein auf dem Friedhof
von Leenane (Mitte).
765 Meter mißt der Kegel-
berg Croagh Patrick, den Pilger am letzten Julisonntag
eines jeden Jahres besteigen
(unten).

wäre Grund genug, um nach Nordirland zu
reisen, es ist der wahrscheinlich grandio-
seste Küstenabschnitt der ganzen Insel:

Fortsetzung Seite 166

Die Mühe, alle Pubs in Irland zu zählen, hat sich wahrscheinlich noch niemand gemacht. Allein in Dublin…

Das zweite Wohnzimmer

Ganz so öffentlich wie es der Name Pub, abgeleitet von public house, öffentliches Haus, nahelegt, ging es in Irlands Kneipen nicht immer zu. Früher gab es sogar eine strikte Trennung zwischen den Herren im Schankraum und den Damen, die in speziellen Séparées, den »snugs«, unter sich zu bleiben hatten. Zwar findet man diese gemütlichen Einzelabteile mitunter noch heute, doch sortieren die irischen Pubs ihre Kundschaft längst nicht mehr nach Geschlechtern. Vielmehr sind sie inzwischen als Horte allgemeiner Geselligkeit weithin berühmt.

Häufig bringt schon die Einrichtung eines Pubs zum Ausdruck, daß es sich dabei um eine Art zweites Wohnzimmer handelt:

…sollen es mehr als siebenhundert sein: Im traditionsreichen »Doheny & Nesbitt« holt man sich sein Bier an einem Tresen aus Mahagoni (oben). Sieben Tage in der Woche gibt es Musik im »O'Donoghue's« (großes Bild). – Ohne sie ginge es auch in der »Mannion's Bar« in Clifden kaum (unten). Einladung zum Guinness-Genuß im Dubliner Bezirk Temple Bar (rundes Bild).

Dicke Teppiche, holzvertäfelte Wände und gepolsterte Hocker schaffen eine behagliche Atmosphäre. Wen verwundert es da, daß es schon so manchen Iren gab, der seinen Lebensmittelpunkt ganz in einen Pub verlegte, wie etwa der Autor Brendan Behan (1923–1964). Andere bevorzugen zwanglose Streifzüge von einer Kneipe zur nächsten – was sich bei dem riesigen Angebot an entsprechenden Einrichtungen in der Tat anbietet. Der Schriftsteler James Joyce machte sich einst Gedanken, ob es

überhaupt möglich sei »Dublin zu durchqueren, ohne an einem Pub vorbeizukommen.«

Die Anziehungskraft der Ausschankstätten beschränkt sich im übrigen nicht allein auf die Städte. Während die Pubs dort oft georgianisch-elegant mit Spiegeln und viel Messing ausgestattet sind, erfüllen die urwüchsigen Pubs auf dem Land praktischerweise meist gleich mehrere Funktionen auf einmal: Neben der Theke finden sich mit Lebensmitteln gefüllte Regale, und Platz für eine kleine Poststelle ist auch noch. So steht dem Gast und Kunden unter einem Dach alles zur Verfügung, was man selbst am äußersten Rand der Welt überlebensnotwendig braucht – Brot und Butter, Briefmarken und Bier. Das schönste aber ist, daß

Den Iren wird, so scheint es, nicht zu Unrecht nachgesagt, sie seien ebenso trinkfreudig wie trinkfest. »Slainte« (sprich: »Slontsche«) heißt es in Irland, wenn man sich zuprostet – Gesundheit!

solche ländlichen »Ladenpubs« auch zu den unmöglichsten Zeiten geöffnet haben. Ein deutscher Urlauber, der in einem Pub einmal ganz naiv fragte, wann dieser denn überhaupt geschlossen habe, bekam zur Antwort: »Irgendwann im Herbst.« Und auch in den Städten hält man es mit der Polizeistunde nicht mehr so streng wie früher. Vor nicht allzu langer Zeit wurde eine Gesetzesänderung verabschiedet, nach der nun eine Stunde länger ausgeschenkt werden darf. Folglich drängen sich – besonders an den Wochenenden – die Gäste bis in die Nacht an der Bar, einem meist überdimensional langen Tresen. Kellner gibt es in einem Pub nämlich keine, um seine Bestellung muß sich jeder selbst kümmern. Üblich ist, sich reihum gegenseitig einzuladen. Der Rest ergibt sich von selbst: Es wird geredet, gesungen, musi-

ziert und viel Guinness getrunken. Schläfrig wird davon offenbar niemand, aber hat nicht schon vor einem halben Jahrhundert ein Werbespruch der Brauerei empfohlen: »Have a Guinness when you're tired«? Daran scheint etwas Wahres zu sein.

MIT HOCHPROZENTIGEM ÜBER DIE GRENZE

Zu der Zeit, als Heinrich Böll die wunderbare Geschichte »Wenn Seamus einen trinken wollte…« schrieb – zu lesen in seinem »Irischen Tagebuch« – durften die Kneipen nur wenige Stunden am Tag geöffnet sein. Wer zur Unzeit kam, hatte Pech. Es sei denn, man war so pfiffig wie Seamus. Er radelte einfach ins Nachbardorf und trank sein Guinness dort. Das Gesetz besagte nämlich, niemandem, der mehr als drei Meilen von seinem Heimatdorf entfernt sei, dürfe der Bierausschank verweigert werden. Noch immer ist man auf der Grünen Insel oft in Sachen Alkohol unterwegs, heute allerdings der Preise wegen: Alkohol wird in der Republik so hoch besteuert, daß bei den Bürgern Bier- und Whiskey-Einkaufsfahrten nach Nordirland oder England an der Tagesordnung sind. Dort ist die begehrte Ware viel billiger…

So lieben Irlandbegeisterte
ihr Donegal: grüne Felder,
weite Strände und ein ein-
sames Cottage mittendrin.

Zwischen Pfingsten und Mariä Himmelfahrt wallfahren gläubige Katholiken nach Station Island (rechts).

Dem Verfall preisgegeben ist diese Kirche bei Dunlewy (oben). – An der Küste vor Killybegs werden mächtige Thunfische gefangen (unten).

IM HANDSTREICH GENOMMEN

Nordirland wird heute gemeinhin mit Ulster gleichgesetzt, der nördlichsten der vier alten irischen Provinzen. Schon früh muß Ulster Schauplatz heftigster Auseinandersetzungen gewesen sein, zumindest legt dies die Legende um sein Wappen nahe, das eine leuchtend rote Hand zeigt: Unter den Wikingern gab es fortwährend Streit um neue Besitzungen. Eines ihrer Schiffe war schon kurz vor Ulsters Gestaden, als unerwartet ein zweites auftauchte, dessen Besatzung ebenfalls Anspruch auf das Land erhob. Die beiden Anführer einigten sich darauf, denjenigen als Herrscher über das neue Gebiet anzuerkennen, dessen Hand den Boden zuerst berührte. Ohne zu zögern ergriff daraufhin der erste sein Schwert, schlug sich die Hand ab und warf sie hinüber ans Ufer. Die vereinbarten Bedingungen waren damit erfüllt – und die blutüberströmte Hand wurde zum Wahrzeichen Nordirlands.

Auf der einen Seite fällt das Ufer steil zum Wasser ab, auf der anderen recken sich grüne Hügel und Berge in die Höhe.

Städtisches Kontrastprogramm. Etwas gewöhnungsbedürftig, weil laut und betriebsam, ist danach *Belfast*. Mit etwa 400 000 Einwohnern – annähernd ein Drittel der nordirischen Bevölkerung lebt hier – ist Belfast *die* Metropole des Nor-

Das Ende der Reise naht. Auf der A1 rollt der Wagen nun allmählich wieder Richtung Süden. Die Grenze zur Republik Irland wird einige Kilometer hinter Newry passiert. Bevor es aber endgültig nach Dublin zurück geht, steht nördlich von Drogheda noch der Friedhof *Monasterboice* auf dem Programm: Auf dem Gelände eines ehemaligen frühchristlichen Klosters finden sich einige der schönsten Hochkreuze Irlands. Imponierend sind besonders das verwitterte 6,5 Meter hohe Westkreuz und das vielleicht noch berühmtere Muiredach's Cross, eine überaus filigrane Arbeit aus dem 8. Jahrhundert. Adam und Eva, Kain und Abel, David und Goliath – sie alle sind auf den Reliefs beeindruckend dargestellt.

In die irische Hauptstadt gelangt man von hier aus in einer Stunde. Es dauert seine Zeit, bis man sich wieder an deren eiligeren Rhythmus gewöhnt hat. Die dramatische Schönheit des Nordwestens und Nordens steht einem noch zu lebhaft vor Augen.

Über den »Atlantic Drive« der Carraun Peninsula führt der Weg nach Achill Island (oben). Dunluce Castle, einstiger Sitz der Herzöge von Antrim, wurde aufgegeben, als 1639 ein Teil der Burgküche den steilen Felsen hinunter ins Meer stürzte (Mitte). – Haben das Mobiliar nach draußen geholt: Pub-Besucher in Londonderry (großes Bild). – Der Mount Errigal ist eine Herausforderung für Bergwanderer (unten).

dens. Sie war zusammen mit Londonderry viele Jahre lang Schauplatz der »Troubles«, der politischen Unruhen zwischen Katholiken und Protestanten; nun macht sich in der Stadt, da die Zeiten ruhiger zu werden versprechen, allmählich eine andere Stimmung breit. Besonders zu spüren ist dies in den Restaurants, Pubs und Theatern rund um die Queen's University.

167

Planen und erleben...

Im Hafen von Roundstone.

siert man auch die bedeutendsten Sehenswürdigkeiten von Galway. Im Stadtpalast Lynch's Castle aus dem 15. Jahrhundert residiert heute eine Bank, in der St. Nicolas Church soll 1492 vor seiner Reise nach Amerika Kolumbus gebetet haben. Das City Museum am Hafen präsentiert – interessant aufbereitet – die

te Galway Arts Festival statt. Und Ende September eröffnet der Bürgermeister das internationale Austernfest.
Um das Auto ordnungsgemäß abzustellen, benötigt man in Galway eine Parkscheibe. Man kann sie in den Zeitungsläden kaufen.

Die Highlights

GALWAY

Im Mittelpunkt des irischen Westens steht diese angenehm

ENTFERNUNGEN		
km	**Dublin**	1258
	214 km	
214	**Galway**	1044
	95 km	
309	**Connemara/Clifden**	949
	265 k	
574	**Sligo**	684
	64 km	
638	**Donegal**	620
	250 km	
888	**Londonderry**	370
	98 km	
986	**Ballycastle**	272
	105 km	
1091	**Belfast**	167
	85 km	
1176	**Dundalk**	82
	82 km	
1258	**Dublin**	km

28 Ounces, etwa 800 Gramm, wiegt ein Straßen-Bowlingball.

kompakte, dazu lebensfrohe und unterhaltsame Stadt. Das Zentrum liegt zu beiden Seiten des Flusses Corrib und ist wie geschaffen für ausgedehnte Spaziergänge. Die wichtigsten Einkaufsstraßen winden sich vom Eyre Square Richtung Südwesten. Auf diesem Weg pas-

Beim »Road Bowls« kommt es auf den richtigen Schwung an.

Geschichte der Stadt. Ganz in der Nähe des Bahnhofs liegt das Tourist Office, das wegen des starken Publikumsverkehrs auch sonntags geöffnet hat. In der Saison kann es problematisch werden, will man hier ein Quartier buchen; besser ist es, vorzubestellen.
Tickets für Überfahrten zu den Aran-Inseln gibt es ebenfalls im Fremdenverkehrsbüro. Ein Hinweis: Aus Sicherheitsgründen verkehren die Fähren nur bis Windstärke 6.
Abends läßt sich in den vielen Pubs eine originale Kultur- und Musikszene erleben, und auch an Großereignissen mangelt es nicht: Der Höhepunkt für die Einheimischen ist zweifellos die Pferderennwoche im Juli; viele werden dafür sogar von ihrer Arbeit freigestellt. Mit zahlreichen Ausstellungen und Theateraufführungen findet Mitte Juli auch das vielgerühm-

CONNEMARA

Abenteuerliche Bergstraßen, weiße Gischt an fernen Stränden und ein mit Torf unterlegter Flickenteppich aus Moosen – so setzt sich Connemara, der »wilde Westen« des Landes, höchst wirkungsvoll in Szene. Und aus den Lautsprechern des Autoradios ertönen die Klänge von Radio na Gaeltachta, dem einzigen Sender in irischer Sprache. Ein Teil dieses urwüchsigen Gebiets steht als Connemara National Park unter Schutz. Südlich von Letterfrack informiert das Besucherzentrum des Nationalparks sehr anschaulich über die Besonderheiten dieses Landstrichs.

Vor der Kulisse der Twelve Bens im Connemara National Park.

SLIGO

Nicht nur Literaturfreunde fühlen sich von der Stadt, in der William Butler Yeats aufwuchs, angezogen. In den zahlreichen urigen Pubs und auf den Straßen herrscht im Sommer eine wunderbar heitere Atmosphäre. Viele Besucher quartieren sich in Sligo ein, um von hier Touren in die nördlich gelegenen Berge zu unternehmen.

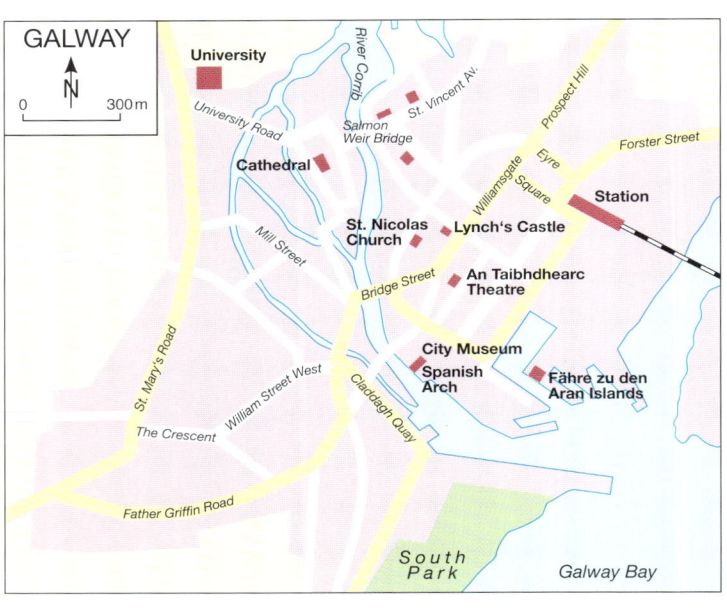

GALWAY

0   300m

University
River Corrib
University Road
St. Vincent Av.
Salmon Weir Bridge
Prospect Hill
Forster Street
Cathedral
Eyre Square
Williamsgate St.
Station
Mill Street
St. Nicolas Church
Lynch's Castle
An Taibhdhearc Theatre
Bridge Street
City Museum
Spanish Arch
Fähre zu den Aran Islands
St. Mary's Road
William Street West
Claddagh Quay
The Crescent
Father Griffin Road
South Park
Galway Bay

GIANT'S CAUSEWAY

Diese größte Attraktion Nordirlands besteht aus etwa 40 000 eng aneinanderliegenden Basaltsäulen, die nach einem Vulkanausbruch übriggeblieben sind. Die meisten von ihnen sind sechskantig, manche weisen aber auch fünf, sieben oder acht Seiten auf. Der Giant's Causeway ist touristisch perfekt erschlossen: Vom kostenpflichtigen Parkplatz samt Besucherzentrum aus verkehren im Som-

An kritischen Zuschauern fehlt es beim Straßen-Bowling nicht.

mer viertelstündlich Pendelbusse, die sogar für Rollstuhlfahrer geeignet sind. Am besten erkundet man den Giant's Causeway auf einem Rundweg: Dieser führt an eigentümlichen Felsformationen vorbei zum Grand Causeway, von dort eine Steintreppe, die Shepherd's Steps, hinauf auf die Klippen und auf einem Höhenweg zurück zum Besucherzentrum.

BELFAST

Wer etwas Zeit hat, sich in der nordirischen Metropole umzusehen, sollte sich zunächst im Tourist Information Centre in der North Street informieren. Jeweils mittwochs und samstags werden Stadtrundfahrten angeboten. Sie beginnen um 13.00 Uhr und dauern etwa drei Stunden. Startpunkt: Castle Place. Zu den imponierendsten Gebäuden Belfasts zählen die City Hall, ein Prachtbau von 100 Meter Länge mitten im Zentrum, sowie die Queen's University mit ihren altehrwürdigen Mauern. Einen herrlichen Blick über die Stadt genießt man vom Cave Hill aus.

Tips für unterwegs

REISEN IN NORDIRLAND

Nachbarschaftskonflikte, Bürgerkrieg, Gewalt – jahrzehntelang rief der Begriff Nordirland derartige Vorstellungen wach. Abgesehen davon, daß in all den Jahren der Auseinandersetzungen zwischen Katholiken und Protestanten kein einziger Urlauber zu Schaden kam, trägt die sich weiter entspannende politische Situation dazu bei, daß Reisende Nordirland unbesorgt entdecken können. Zwischen der Republik Irland und Nordirland gibt es keine regulären Grenzkontrollen – beide gehören zur Europäischen Union. Weil öfter Straßenkontrollen durchgeführt werden, sollte man allerdings immer seine Ausweispapiere bei sich tragen, um sich als Tourist legitimieren zu können. In den

Das Gerichtsgebäude in Sligo.

Städten ist es für Autofahrer wichtig, die gekennzeichneten Control Zones zu beachten: In

diesen Bereichen muß immer eine Person im geparkten Auto bleiben. Auf diese Weise soll verhindert werden, daß Autobomben deponiert werden. Mit solchen Maßnahmen kommt man aber so gut wie nie in Berührung. Im Gegenteil: Ein Urlaub ist dank der größeren Präsenz von Sicherheitskräften um einiges gefahrloser als an vielen anderen Orten dieser Welt.

SOUVENIRS

Häufig angeboten wird hübscher Schmuck, der nach alten keltischen Motiven gestaltet ist – nicht ganz billig, denn handwerkliche Qualität hat hier ihren Preis.
Bei einem Besuch der Old Bushmills Distillery kann man vor Ort einen lang gereiften Whiskey kaufen. Eine große Auswahl an nordirischem Kunsthandwerk – geschliffene Glaswaren, irisches Leinen und Töpferwaren – bietet der Craftworks Shop im Zentrum von Belfast.

Bei Bloody Foreland, der nordwestlichsten Spitze der Grafschaft Donegal.

Am Shaftesbury Square in Belfast.

DER TORF GEHT ZUR NEIGE

Zu den besonders sinnlichen Eindrücken in Irland gehört das Wandeln auf torfigem Untergrund. Ein dezent-würziger Geruch steigt in die Nase, und jeder Schritt verursacht ein schmatzendes Geräusch. Schön ist es auch, zuzuschauen, wie Irlands einziger

Bodenschatz noch auf traditionelle Weise abgebaut wird. Gemächlich ziehen die Torfstecher durchs Moor, um mit einer präzisen Drehung ihrer Spaten immer neue, gleich große Stücke an die Oberfläche zu befördern. Zu langen Reihen, den sogenannten Mauern, aufgeschichtet warten diese dann auf Sonne, um zu trocknen – mitunter leider vergeblich… Solche Bilder sollte man jedoch genießen. Sie werden nämlich bald der Vergangenheit angehören, denn 90 Prozent aller Torflagerstätten des Landes sind bereits ausgebeutet.

In felsigem Grün: Cottage an der Casla Bay westlich von Galway.

Von Bergen gesäumt, schlängelt sich die Straße durch das Glen Coe in Schottland.

Menschen, Orte, Begriffe *Kursive Seitenzahlen verweisen auf Abbildungen*

**Die Hafenanlage von Glouce-
ster aus dem 19. Jahrhundert
ist weitgehend im Original-
zustand erhalten.**

Bildnachweis · Fotografen · Autor · Impressum

Bildnachweis

Archiv für Kunst und Geschichte, Berlin: S. 14 u.l. und u.r., 15 o.(2) und M.l., 18 o. und u., 19 M., 22 M., 39 M.l., 57 M.l., 94 u.l., 95 u.l., 107 u.l.
Bildarchiv C.J. Bucher Verlag, München: S. 14 o. und M.l., 15 u.r., 16 M.l., 17 M.r., 18/19, 26 o.r., o.l., M. und u., 27(7), 127 u.
Bilderdienst Süddeutscher Verlag, München: S. 17 u., 22 u.r., 153 u.r., 163 u.r.
Corbis / PICTURE PRESS Life, Hamburg: S. 16 u.
Das Fotoarchiv, Essen: Freisteller Route 6, S. 30 M.r., 169 u.r.
dpa, München: S. 17 o. und M.l., 19 o. und u.
IFA-Bilderteam, Taufkirchen: S. 20 rundes Bild, 20/21, 23 o., 95 u.r.
Interfoto Pressebild Agentur, München: S. 18 M.
laif, Köln: S. 10/11 (Krinitz), 16 M.r. (Specht), 22/23 (Brunner).
LOOK, München: Schutzumschlag Vorderseite 2.v.u. (Wohner), Schutzumschlag Rückseite (Wothe), Freisteller Route 4.
StockFood, München: S. 24 M. und u.r., 25 u. (2), 126 u. r., 163 u.l., Freisteller Route 5.

Alle anderen Aufnahmen stammen von Ingolf Pompe, Stuttgart.

Alle Karten dieses Bandes zeichnete das Büro Kartographie Hermes, Göttingen

Vorsatz: Atlantic Drive, Achill Island, Irland
Hintersatz: Deganwy, Conwy Bay, Wales, England
Seite 1: Beim Pferderennen in Epsom, England

Der Fotograf

Ingolf Pompe ist nach einer Grafikdesign-Ausbildung an der Kunstakademie in Stuttgart und dem Fotografiestudium am Plymouth College of Art and Design in England als freier Fotograf tätig. Er veröffentlichte zahlreiche Bildbände und ist Mitglied der Bildagentur LOOK in München.
Ingolf Pompe dankt Frau Eleanor Mahon, P&O Stena Line; Frau von Rauchhaupt, Irisches Fremdenverkehrsamt, Frankfurt am Main; Frau Bork und Frau Hüttenberger, British Tourist Authority, Frankfurt am Main; Anna Tait und Tim Imrie, für ihre jahrelange Hilfe und Unterstützung.

Die Autoren

Reinhard Ulbrich studierte Anglistik, Amerikanistik, Germanistik und promovierte zum Dr. phil. in Literaturwissenschaft. Arbeitete mehrere Jahre an Universitäten in Großbritannien und Irland. Seit 1986 freier Schriftsteller. Autor von über 20 Reisebüchern, Satiren und Erzählungen. Lebt in Berlin. Er schrieb die Routen 3 bis 8 samt Specials sowie die Essay-Specials »Die etwas andere Übernachtung«, »Von Hausmannskost bis Irish Stew und Haggis« und »Traditionell bis modern«.
Bettina Winterfeld, Studium der Soziologie, Sozialpsychologie und Amerikanistik, war sechs Jahre Redakteurin bei der »FAZ«. Sie lebt als freie Journalistin in München. Mitarbeit bei zahlreichen Reisezeitschriften und Verfasserin von Reisebüchern. Sie schrieb den Essay, die Specials »Skandale im Königshaus« und »Nostalgiefahrt auf dem Llangollen-Kanal« und die Routen 1 und 2 samt Specials.

Wir danken allen Rechteinhabern für die Erlaubnis zu Nachdruck und Abbildung. Trotz intensiver Bemühungen war es nicht möglich, alle Rechteinhaber zu ermitteln. Wir bitten diese, sich an den Verlag zu wenden.

Alle Angaben dieses Bandes wurden vom Autor sorgfältig recherchiert und vom Verlag auf Stimmigkeit und Aktualität geprüft. Allerdings kann keine Haftung für die Richtigkeit der Informationen übernommen werden. Für Hinweise und Anregungen sind wir jederzeit dankbar. Zuschriften bitte an Südwest Verlag GmbH, Lektorat, Paul-Heyse-Straße 26–28, 80336 München.

Impressum

Konzeption: Axel Schenck
Lektorat: Christine Waßmann, Jutta Ressel, Gesche Wendebourg
Bildgestaltung: Axel Schenck, Vera Plückthun
Graphische Gestaltung: Gerda Pilz
Bilddokumentation: Uta Steinhäuser
Herstellung: Angelika Kerscher, Gabriele Kutscha

Lithografie: Artilitho, I-Trento
Druck und Bindung: Westermann Druck, Zwickau

Das Werk erscheint im Südwest Verlag. Der Südwest Verlag ist ein Unternehmen der Verlagsgruppe Econ Ullstein List Verlag GmbH & Co. KG, München